Eberhard Gothein

Die badischen Markgrafschaften im 16. Jahrhundert

Eberhard Gothein

Die badischen Markgrafschaften im 16. Jahrhundert

ISBN/EAN: 9783845725192

Erscheinungsjahr: 2012

Erscheinungsort: Bremen, Deutschland

www.unikum-verlag.de | office@unikum-verlag.de

Eberhard Gothein

Die badischen Markgrafschaften im 16. Jahrhundert

Neujahrsblätter
der
Badischen Historischen Kommission
Neue Folge 13
1910

Die badischen Markgrafschaften im 16. Jahrhundert

Von

Eberhard Gothein

Heidelberg 1910
Carl Winter's Universitätsbuchhandlung.

Verlags-Nr. 406.

Inhalt.

Seite

Das Land und die Fürsten . . . . 1—51

Städte und Gewerbe . . . . 51—91

I.
Das Land und die Fürsten.

Wir dürfen einen Territorialstaat des 16. Jahrhunderts, wie es die badische Markgrafschaft war, nicht mit dem Maße unsrer Staaten messen: es fehlt ihm noch jede andre Einheit, als die durch die Person des Landesherrn gegeben ist. Zwar möchte es anders scheinen, wenn man die rege Tätigkeit der Verwaltung betrachtet, die die einzelnen Landesteile gleichmäßig erfaßt, wenn wir sogar wohlüberlegte Versuche gemeinsamer Gesetzgebung beobachten; aber diese Verwaltung geht aus von der „fürstlichen Dienerschaft", die nur ein persönliches Band an ihren Herrn knüpft; diese Gesetzgebung ordnet entweder Bedürfnisse, die überall die gleichen sind, ohne gemeinsam zu sein, oder es ist wiederum der Fürst, der sich über die Ortsgewohnheiten, die man zuvor vergeblich auszugleichen versucht hat, ohne noch Widerspruch zu finden, hinwegsetzt: ihr Gelingen ist weit mehr ein Zeichen der Gleichgültigkeit als eines Gefühles der Zusammengehörigkeit bei den Untertanen der einzelnen Landesteile.

Anders ist es, wo eine landständische Vertretung mit bedeutsamen Rechten neben den Fürsten tritt. Mit ihren Interessen scheint sie zwar denen des Landesherrn und seiner Verwaltung meistens entgegengesetzt, und in Territorien, wo sie überwuchert, hat sie wirklich die staatlich-einheitliche Entwicklung hintangehalten; aber wo sie nicht in der Lage ist, nur die Rechte und Vorrechte ihrer einzelnen Mitglieder zu verfechten und zu erweitern, dient sie vor allem, das Bewußtsein einer Einheit wachzurufen oder zu stärken, das dem lockeren Zusammenhang, den die Beziehung zu einem gemeinsamen Herrn gab, nicht entspringen konnte.

So ist das alte Württemberg durch ein Zusammenwirken des Fürsten und seiner Verwaltung auf der einen Seite, der Landstände auf der andern zu einem wirklichen Staat geworden, der von einer lebhaften Staatsgesinnung seiner Bürger getragen wurde, mochte auch dieses Zusammenwirken recht oft sich in Zusammenstößen äußern. Die badische Markgrafschaft, auch wenn ihre Teile dauernd vereinigt geblieben wären, hätte dazu nicht gelangen können. Wohl hat es auch hier an einer immerhin reichen, nur zu vielgestaltigen Entwicklung landständischer Ausschüsse nicht gefehlt, aber über Anläufe, zu einer gemeinsamen Vertretung des ganzen Landes zu werden, ist es nicht gekommen; so diente selbst sie dazu, eher die Sonderart der einzelnen Landschaften zu kräftigen. Denn diese lagen weit zerstreut, während Altwürttemberg, wenigstens nach den Ansprüchen früherer Zeiten gemessen, ein wohlabgerundetes Land war. Wenn benachbarte, alt verbundene Landschaften durch Erbteilungen der Fürsten auseinandergerissen werden, dann macht sich wohl noch geraume Zeit das Bewußtsein alter Zusammengehörigkeit geltend, aber auch dieses schwindet, wenn, wie es hier bei Baden-Durlach und Baden-Baden geschah, die beiden Kleinstaaten in den großen Gegensätzen der Zeit nach verschiedenen Richtungen getrieben werden. Vollends die Landesteile, die durch fremdes Gebiet voneinander getrennt sind, führen ihr selbständiges Sonderdasein.

So blieb denn die Markgrafschaft, ob vereinigt, ob getrennt, ein echter Patrimonialstaat, zusammengesetzt aus allerlei kleinen Herrschaften, die ein Fürstenhaus unter verschiedenen Rechtstiteln im Laufe der Zeit zusammengebracht hatte, weder innerlich noch äußerlich miteinander verbunden. Auf langer Linie lagen diese Stücke, untermischt mit fremden Territorien, mit denen ein jedes wieder engere wirtschaftliche und Stammesbeziehungen pflegte als mit den andern, verstreut und unregelmäßig wie die Parzellen eines Bauerngutes auf einer unbereinigten Ackerflur. Das Kernland, von dem das Fürstenhaus und daher auch sein Staat den Namen trug, aus der alten Landgrafschaft im Uffgau entstanden, bildete ein leidlich zusammenhängendes Gebiet von Bühl bis Graben, von Pforzheim bis Mühlburg; auf der Seite des Neckars und der Nagold wich man noch in dieser Zeit vor dem sich abrundenden Württemberg zurück.

Hier lagen auch die vier Städte des Fürstentums, Pforzheim, Baden, Ettlingen, Durlach, und brachten der sonst ländlichen Bevölkerung eine geringe und doch bedeutsame Beimischung eines bürgerlichen Elements. Denn die übrigen Landesteile hatten es über Marktflecken nicht hinausgebracht; auch Sulzberg im Röttler Lande war nicht höher anzusetzen. Aber selbst hier in der alten Markgrafschaft waren nicht alle Rechts- und Herrschaftsverhältnisse geklärt. Das größte der Klöster, Schwarzach, beanspruchte die Reichsfreiheit und wollte in endlosem Streit, der sich bis zum Ende des Reiches immer wieder heftig aufflackernd fortsetzte, den Markgrafen nicht mehr als das Vogtrecht einräumen. Die Grafen von Eberstein, die das Murgtal innehatten, in der Zeit des Kampfes gegen die aufstrebende Fürstenmacht, Hauptstreiter des Adels, zerbröckelten ihre eigene Herrschaft und waren mit den Markgrafen in eine Gemeinschaft, die doch auch wieder eine Teilung zuließ, getreten, so daß dieses um seines Holzhandels besonders wichtige Gebiet nicht unter der vollen Botmäßigkeit der Markgrafen stand. Der übrige, niedere Ritteradel war schließlich hier wie in Württemberg und der Pfalz nicht unter die Landeshoheit getreten und das Band des Lehenswesens, das zahlreiche Geschlechter persönlich an das Markgrafenhaus hätte knüpfen sollen, wurde zusehends schwächer; aber er unterbrach auch mit seinen Dörfern und Schlössern das Gebiet weniger als anderwärts. Dörfer und Bruchteile von Dörfern und von Herrschaftsrechten in ihnen waren hier noch immer feil, und sorgsame Haushalter unter den Markgrafen ließen sich nicht die Gelegenheit entgehen, wenn wieder ein Stückchen mehr zu erwerben war.

Im Oberland, jenseits der Ortenau, die als Reichsvogtei nur gelegentlich sich als Auftrag oder Pfandbesitz in den Händen der Markgrafen befand, und des bischöflich straßburgischen Gebietes lag die Markgrafschaft Hachberg, ein schmaler Streifen, der die Nordhälfte des Kaiserstuhls, ein kleines Stück des ebenen Breisgaues und einige Schwarzwaldtäler umfaßte, der Rest der alten Landgrafschaft, die einst das beste Stück des zähringischen Besitzes ausgemacht hatte, der der älteren markgräflichen Linie allein verblieben war. Wenigstens er hatte sich unabhängig von der neuen habsburgischen Landeshoheit im Breisgau erhalten und die alten Ehrenansprüche waren unvergessen. Aber eingeengt von österreichischem Besitz war und blieb Hachberg der bedrängteste Landesteil. Kleine Enklaven, erst seit kurzem erworben oder gesichert, einige nur Teilbesitz, Kehl, Lahr, Malberg, stellten eine Art von Verbindung mit der größeren nördlichen Landschaft her. Im Oberland lag dann die zweite größere in sich zusammenhängende Landmasse, die aus den Herrschaften Rötteln, Sausenberg und Badenweiler bestand. Nach dem Aussterben der Nebenlinie, die sich zuletzt dem Stammhause entfremdet hatte, war die Gefahr völligen Verlustes durch Markgraf Christoph glücklich überwunden worden; aber die Rechtsverhältnisse zu Österreich blieben unklar und gaben diesem noch lange eine Handhabe der Beunruhigung. Der österreichische Breisgau umklammerte das Ländchen fast von allen Seiten, aber auch ihm war durch dasselbe die nächste Verbindung mit der Schweiz nach Basel gesperrt. Dorthin, wohin von Rhein und Wiese alle Wege führten, suchte das im ganzen wohlhabende, aber eines städtischen Mittelpunkts entbehrende Land je länger je mehr seinen wirtschaftlichen und geistigen Anschluß in scharfem Gegensatz zu den breisgauischen Nachbarn: hier ein Bauernland, dort ein Adelsland.

Diese Gebietsteile gehörten doch wenigstens dem oberrheinischen Land an, wenn auch im Norden fränkische, im Süden schwäbische Art und Rechtsverfassung sich geltend machten; anders die Außenposten, die ebenfalls erst Christoph teils erworben, teils gesichert hatte. In dem Teile Deutschlands, der vor allen andern die bunteste Musterkarte zerstückelter, oft winziger Territorien und wunderlicher, staatsrechtlicher Verhältnisse zeigt, an der Mosel und auf dem Hunsrück lagen die Sponheimer Grafschaften, ein Gegenstand unauslöschlicher Kondominats- und Teilungsstreitigkeiten, wie überhaupt dieses meistens recht friedliebende Fürstenhaus die Fülle endloser Reichskammergerichtsprozesse zur Belastung, aber auch zur Wonne seiner Juristen, deren Unentbehrlichkeit hier erst recht einleuchtete, mit sich schleppte — eine als selbstverständlich hingenommene Begleiterscheinung des öffentlichen Lebens.

Noch entfernter, auf die Länge noch gleichgültiger angesehen, lagen die Luxemburger Besitzungen, der Preis treuer Hilfe, den Christoph von Maximilian in den Niederlanden erhalten hatte, wie andere, die ihm bei der Sicherung der habsburgischen Herrschaft in der burgundischen Erbschaft beigestanden hatten, wie Herzog

Albrecht von Sachsen und die Nassauer. Sie hätten der Anlaß werden können, das Zähringische Haus weiter in die niederländischen Händel zu verflechten und ihm Gelegenheit zum Erwerb von Land und Leuten zu geben; den oberrheinischen Landen aber blieben alle diese Besitzungen dauernd fremd; die beiden suchten gar nicht miteinander in Beziehungen zu treten.

Um so wichtiger aber war diese Zerstreuung der Landesteile für die Schicksale des Fürstenhauses. Sie begünstigte die Landesteilungen, die trotz einzelner Anläufe zur Einschränkung der Erbteilungen altem deutschen Familienrecht entsprechend, noch immer in dieser Epoche geübt werden, um erst mit dem letzten Fürsten derselben, Georg Friedrich, besserer Einsicht zu weichen. Durch Erbverträge, die umfangreichsten nicht inhaltsreichsten der Urkunden, zu denen, wie ein Schreiber damals klagte, „man schier die größte Kälberhaut nehmen und noch wohl enge schreiben mußte", suchte man dem Schlimmsten, den immer noch teuer abzufindenden und die schmalen Finanzen arg belastenden Ansprüchen der verheirateten Töchter, ihrer Männer und Kinder, vorzubeugen. Aber die Zerstücklung brachte auch mannigfache Interessen und Verbindungen mit sich; die Markgrafen sahen sich in Verhältnisse und Verwicklungen mit hineingezogen, denen sie als Herren eines geschlossenen Territoriums fremd geblieben wären. Und da die eigenen Einkünfte, zumal nach den Landesteilungen, für die Ansprüche der Mitglieder eines altfürstlichen Hauses, das auf diesen Rang stets große Stücke hielt, selten ausreichten, so war die Beschäftigung in auswärtigen Angelegenheiten ihnen ein willkommenes Mittel, um zu größerer Tätigkeit, Ansehen und Einkünften zu gelangen.

So hatte schon früher die Nachbarschaft von Kurtrier mit Sponheim badischen Prinzen den Kurhut von Trier verschafft, Christoph, ein Meister in der Handhabung aller solcher Beziehungen, wußte ihn für einen seiner Söhne festzuhalten. Er selber aber hatte die besten Mannesjahre in den niederländischen Kämpfen und mit der Verwaltung von Luxemburg zugebracht; alle seine Söhne sandte er hinaus, die einen in die geistlichen Stifter, ihr Glück zu machen, den Ältesten, Bernhard, ließ er „dem Kaiserhof nachfolgen" und verlor ihn darüber fast aus den Augen; seinen Lieblingssohn Philipp, den er gern zum alleinigen Erben bestimmt hätte, ließ er in seiner Jugend in französische Dienste treten und dann im Mittelmeer Kriegsdienste leisten; denn trotz der verwandtschaftlichen und freundschaftlichen Beziehungen zum Kaiserhause fand man es dort wohl begreiflich, wenn ein Fürst sich auch anderwärts umsah und sich gute Verbindungen verschaffte. Die stillere und am Lande haftende Art der Durlacher Linie ließ ihnen dann die auswärtigen Dienste weniger erwünscht erscheinen, für die ruhelosen Baden-Badener wurden sie zum Verhängnis. Sie zogen alle die Kondottierenrolle, ohne besonders wählerisch zu sein, wo sie sie spielten, der bescheidenen Wirksamkeit auf ihrem Schloß im Oostal vor. Viel Glück haben sie dabei nicht mehr gehabt. Ingrimmig schreibt nach dem Dreißigjährigen Krieg ein Nachkomme Ferdinand Maria, der Vater Ludwig Wilhelms: „Bekanntermaßen seien alle lieben Vorfahren ganz liederliche und unnütze Leute gewesen" und rechnet ihnen nach, was sie alles verloren hätten und sich entgehen lassen. Das war freilich der ungerechte Groll eines verbitterten Prinzen, der von den gleichen Versuchen nur Demütigungen davongetragen hatte, mit dem eigenen Schicksal und dem seines Hauses. Gerade in seinem Sohne, dem Reichsfeldherrn, setzt sich dieser unruhige Drang nach außen würdige Ziele und zeitigt große Erfolge. Aber auch bei den Durlachern kommt er zum Durchbruch, in einer Zeit, wo deutsche Fürsten auf allen Schlachtfeldern Europas zu finden waren und ein Pfalzgraf aus dem winzigsten Territorium als Karl X. von Schweden der gewaltigste und abenteuerlichste Kriegsfürst geworden war. Erst mit Karl Friedrich kommt wieder die friedlich beschauliche, hausväterlich fürsorgliche Natur, die das Erbteil so vieler dieses Geschlechtes ist, zur Geltung.

In dem besten und erfolgreichsten der badischen Fürsten des 16. Jahrhunderts, in Markgraf Christoph (1475—1527), haben sich diese beiden Anlagen ausgeglichen, doch so, daß die patriarchalische überwog. So zeigt den billig denkenden und doch kräftigen Mann in seiner schlichten Tüchtigkeit Hans Baldung Griens Bild, an der Spitze seiner zahlreichen Kinder kniend vor der heiligen Familie, eines der schönsten, häuslichen Devotionsbilder. Wären nicht die Wappenschilder und Infuln, man würde es für das Abbild einer ehrenfesten, großen Bürgerfamilie halten. Dann begegnet er uns wieder in einem Einzelbild Baldung Griens als der sinnende, milde Alte, dessen Züge doch schon erraten lassen, daß die geistigen Kräfte sich umhüllen und entschlummern; denn diese gesunde und maßvolle Natur fiel im Alter der Geistesabwesenheit anheim. Unter ihm finden wir zuerst eine planmäßige Regierungspolitik; an ihrer Durchführung hat ihn der häufige Aufenthalt im Ausland nicht gehindert, sondern eher durch Anregung gefördert. Wenn sich auch die Anordnung der Verwaltung nicht von der andrer Fürstentümer sehr unterscheidet, so hat er doch der Zentralverwaltung hier eine feste Form gegeben, aus der sich dann erst gegen das Ende der Epoche unter seinem Urenkel Georg Friedrich die einzelnen Kollegien aussondern: ein Landhofmeister, ein Kanzler und Räte, nur der erste regelmäßig ein Adliger. So wurde auch im Lande die Einteilung in Amtsbezirke und ihre Besetzung regelmäßig durchgeführt.

Eine gemeinsame Landesordnung, eine der ersten dieser Art, regelt die Verwaltung; man möchte sie mit den Verfassungsurkunden späterer Zeiten an Bedeutung vergleichen. Eine fruchtbare juristische und Verwaltungsgesetzgebung auf fast allen Gebieten schließt sich daran. Der wertvollste Besitz des Staates, die Wälder der Ebene, erhalten eine sorgfältige Wirtschaftsordnung, und indem sich das große, auf den Export berechnete Holzgewerbe des Gebirges, die Murgschifferschaft, neu organisiert, verschafft ihr der Markgraf nach Möglichkeit gesicherte Absatzbedingungen. Das Ideal einer festen, rationellen Preisbildung ist hier fast erreicht im Sinne jener Zeit durch ein Zusammenwirken der Obrigkeit, die das Interesse der Konsumenten vormundschaftlich vertritt und der Produzenten, die ihre Kosten und Arbeitsaufwendungen öffentlich kundgeben, ohne daß man doch den Handel, den man vielmehr zum Ersatz wünscht und Anhaltspunkte für seine Preisbildung gibt, ausschlösse. Ein gleiches sucht Christoph für Frucht- und Weinbau zu leisten durch die Einrichtung des Schlages, der amtlichen Preistaxe, die niemanden bindet als die Herrschaft selber und die der leicht ausartenden ländlichen Kreditgewährung einen festen Maßstab gewährt. Als sein Sohn Philipp ein gleiches auch für den Wollenkauf unter gleicher vorsichtiger Behandlung des Handels tat, waren alle wichtigeren Rohprodukte der Markgrafschaft dieser einheitlichen Preispolitik unterworfen.

Hatte hierbei Christoph die Selbstverwaltung der Interessenten herbeigezogen, ohne ihrer Eigenmächtigkeit Vorschub zu leisten, so verfuhr er nicht anders, auch in den wichtigsten seiner Reformen, die der Ausbildung des Städtewesens in seinem Lande gewidmet waren. Dieses war bisher völlig rückständig gewesen, nicht einmal Leibesfreiheit und Freizügigkeit der Bürger war gewahrt. Die Städteordnungen für Baden und Pforzheim, die Christoph erst zur Probe, dann endgültig verlieh, zeigen genau den Punkt an, bis zu dem die fürstliche Verwaltung gehen wollte, um das Selbstbewußtsein der Bürger und mit ihm ihre Betriebsamkeit und das Aufblühen der Städte zu fördern und doch sie nicht den Weg beschreiten zu lassen, den frühere Städte gegangen, zu unabhängigen Staaten im Staate zu werden. Dieser Mischung von Aufmunterung und Mißtrauen entsprechen die Maßregeln seiner Gewerbepolitik. Mit den schärfsten Worten verbot er alle Zünfte, stellte er eine völlige Handels- und Verkehrsfreiheit in seinem Lande her, aber er stiftete selber einen Landesverband von Handwerkern, die durch ihr zerstreutes Wohnen in Dörfern jedes Zusammenhanges entbehrten, der Hafner. Er bekämpfte das Dorfhandwerk, um die Städte und den Marktbesuch zu heben, aber er ließ es zu, wo es wie bei den Wollenwebern einen neuen Zweig des Gewerbefleißes ausbilden und gerade in den Dienst der städtischen Meister treten konnte. Bei der strengen und damals musterhaften Regelung der Nahrungsmittelgewerbe, in der sich die Preispolitik der Taxen fortsetzt, zog er dann doch auch die Handwerker hinzu, nur daß er ihnen jede Autonomie verweigerte. Als der erste Landesfürst gab er der Tuchmacherei, dem wichtigsten Gewerbe, das er nach dem niederländischen Muster, eben um mit den Niederlanden in Wettbewerb treten zu können, einrichtete, eine gemeinsame Landesordnung und eröffnet damit in Deutschland eine neue Bahn landesfürstlicher Gewerbepolitik.

Frühere Versuche, zu einer größeren Einheitlichkeit des heimischen Familienrechts zu gelangen, da sich beim Heiraten und beim Erbgang von einem Ort der Markgrafschaft zum andern die Verschiedenheit der Landesgewohnheiten am lästigsten bemerkbar machten, waren an der Unmöglichkeit, die verschiedenen Ansichten der Untertanen, zu vereinigen, gescheitert, da doch jeder auf der seinen beharrte. Christoph ging unter Beratung des ersten deutschen Rechtsgelehrten, Ulrich Zasius, des Stolzes der benachbarten Freiburger Universität, andern Fürsten voran mit einer selbständigen Gesetzgebung, die sich entschieden und doch mit Vorsicht auf den Boden des römischen Rechts stellte. Eine ebenso einschneidende

Ordnung eines oberen Gerichtes folgte, ließ sich dann aber doch bei der Abneigung der bäuerlichen Bevölkerung nicht auf die Dauer durchsetzen.

Als Reichsfürst hatte sich Christoph, wie wir sahen, früh und mit Entschiedenheit dem aufgehenden Stern Maximilians zugewandt; aber seine Zuneigung zu der kaiserlichen Politik ging nicht so weit, um ihn zu veranlassen, sich mit dem nächsten Nachbar zu verfeinden. Dem Aufruf des Kaisers zur Demütigung der Macht des Kurfürsten Philipp von der Pfalz im Jahre 1504 leistete er nicht, wie so viele andre, Folge, obwohl er sich wie sie hätte bereichern, auch früher verlorenes Badener Gut hätte zurückerwerben können. Die Zeitgenossen haben es ihm hoch angerechnet, daß er erklärte, Treu und Glauben höher achten zu wollen; aber es war doch nicht nur alte Freundschaft, soweit auch seine politischen Wege von jeher von denen des Pfälzers auseinander gegangen waren, sondern auch die Klugheit, die gebot, das Ansehen des einzigen weltlichen Kurfürstentums am Rhein nicht zu untergraben. So hat er, noch nicht berührt von den Kämpfen, die nach ihm alle Standpunkte verschoben, die wechselnd und fast zufällig seine Nachkommen bald auf die eine, bald auf die andre Seite führten, eine erstaunliche Vielseitigkeit und Fruchtbarkeit an den Tag gelegt, der erfolgreichste und angesehenste der Markgrafen; man hat gesagt: auch der Glücklichste, wenn er einige Jahre früher gestorben wäre.

Christoph hatte doch, obwohl er nach altem Brauch soviel Söhne als möglich in den Dienst der Kirche zum Genuß ihrer Einkünfte überleitete, schließlich zur Landesteilung greifen müssen. Er tat es in einer Weise, daß der Grundsatz der Einheit nach außen, der Gleichheit in Gesetzen, Verkehr, Handel und Wandel zwischen den Teilen selber gewahrt bleiben sollte. Es war ein Kompromiß zwischen dem Prinzip der patrimonialen Fürstenherrschaft und den neuen Gedanken der Staatseinheit, der wohl bei der Bevölkerung zunächst Anklang fand, bei dem aber je länger desto mehr das erstere überwog. Zunächst blieben wenigstens die Kernlande der eigentlichen Markgrafschaft vereinigt in der Hand Philipps I., der, bei Lebzeiten die rechte Hand seines Vaters, ganz in seiner Richtung weiterging, ein kluger Verwalter und Vermittler (1527, resp. 1515—1533). Er sah das drohende Gewitter des Bauernkriegs lange aufziehen und suchte seine lässigen Lehensleute, ohne bei ihnen viel Verständnis zu finden, zur Herstellung ihrer Burgen zu verpflichten; dann mußte auch er dem Sturm sich beugen. Doch milder als anderwärts verlief in der Markgrafschaft der Bauernkrieg, der Markgraf selber genoß bei den Bauern mehr Vertrauen als andre Fürsten, seine Vermittlungsversuche waren aufrichtiger, die Reaktion gegen den Aufstand hier weniger gewaltsam als anderwärts. So kam es, daß die Bauern in der Markgrafschaft und in der Ortenau, wo Philipp zusammen mit der Stadt Straßburg schon im April des tollen Jahres 1525 den Stillstand vermittelt und so das Schlimmste verhütet hatte, doch immerhin einige Vorteile davon trugen.

In der großen geistigen Bewegung der Zeit, der Kirchenreformation, hat er sich abwartend verhalten, ebensowenig geneigt, sich von der alten Kirche zu trennen, als für sie einzutreten. Auf dem Wormser Reichstage 1521 hat sein kluger Kanzler Vehus im Auftrag des Kaisers und der Fürsten das Verhör Luthers geführt, in sachlicher, eher höflicher als verletzender Weise, wie es dem Sinne seines Herrn entsprach. Dann hat Philipp die evangelischen Prediger bald zugelassen, bald ihnen den Abschied gegeben, nicht unbeeinflußt von der politischen Rätlichkeit. Irgend einen Zwang hat er nicht ausgeübt, die Vorteile aber, die für das Fürstentum aus dem Zerfall der alten Ordnung erwuchsen, sich nicht entgehen lassen.

Nach seinem Tode kam es nun doch zu der verhängnisvollen Zerreißung der Markgrafschaft. Mit einem Mißverständnis begann sie: wider Erwarten des älteren Bruders Bernhard, der nach altem Gebrauch die Teile gemacht hatte, aber schließlich sehr begreiflich wählte der jüngere, Ernst, den besseren nördlichen Teil, nach der Hauptstadt zunächst Baden-Pforzheim, bald Baden-Durlach genannt, obwohl er seinem bisher besessenen Fürstentum Rötteln-Sausenberg entfernter lag. Das legte den Grund zu einer Feindschaft der beiden Linien, die nie mehr ganz erloschen ist. Ein nachträglicher Ausgleich, ein „jährlicher Zusatz von Wein und Früchten", zu dem sich Ernst bereit finden ließ, konnte sie nicht beseitigen. Jedenfalls blieben bis zum Erlöschen der baden-badischen Linie die beiden Fürstentümer durcheinandergeschoben.

Jener Augenblick aber, der die Fürsten sich trennen sah, ist der Geburtstag der badischen Landstände, und wenn ihnen auch kein so glänzendes Schicksal weiter beschieden war, als dieser Anfang versprach, so ist er doch bedeutsam für die Stellung von Land und Fürsten zueinander. Überall sonst sind die landständischen Vertretungen der Geldnot der Fürsten, die sich an ihre Untertanen um Geldbewilligungen wandten, entsprungen. Und da das Steuerbewilligungsrecht das erste und das allein unbestrittene Recht der Landstände blieb, haben auch in den badischen Markgrafschaften die immer sich erneuernden Verlegenheiten und Forderungen der Landesherren die weitere Entwicklung bestimmt. Schließlich haben sogar nach dem Dreißigjährigen Kriege, als die Finanzen eine andere Ordnung erhielten, nur deshalb die Landstände, die doch seit mehr als einem Jahrhundert eine nützliche und jedermann vertraute Einrichtung waren, ihren Boden verloren und sind eingeschlafen. Für frühere einmalige Geldforderungen hatte wohl Christoph von den Prälaten eine Beisteuer bewilligt erhalten, bei den Ämtern sie aber einfach umgelegt, wie es bei den flüchtigen Versuchen mit Reichssteuern, die der gewissenhafte Markgraf wirklich erhob, auch geschah. Da führten politische Gründe auch hier zu Landständen. Rötteln-Sausenberg und Badenweiler eröffneten den Reigen. Als man sich bedroht sah durch die Ansprüche der österreichischen Landeshoheit und das Ensisheimer Gericht die Urteile an sich ziehen wollte, traten hier Ausschüsse der in ihrer Selbständigkeit gekränkten Landschaft zusammen und forderten den Markgrafen selber auf, ihre und seine Sache kräftig zu vertreten. Christoph hatte sich vorsichtig verhalten, aber dieser Ausdruck eines entschiedenen Volkswillens — denn um einen solchen handelte es sich hier wirklich — konnte ihm nur gelegen kommen.

Dann hatte Philipp in dem schwülen Jahre 1516, als der württembergische Bauernaufstand des armen Konrad die Gefahren der Lage grell beleuchtet hatte, alle Ämter seines Landes veranlaßt, ihre einzelnen Beschwerden zu sammeln und ihm vorzutragen. So pflegten es auch später die Landtage zu halten, wenn sie ihre Bewilligungen gemacht und nun — immer erst nachträglich, nicht als Bedingung — Berücksichtigung ihrer Anliegen wünschten. Philipp hatte sie eingehend beantwortet, manches erfüllt, mehr noch erläuternd abgelehnt. Man gewinnt aus dieser lehrreichen Verhandlung eher den Eindruck, daß die Landschaft rückständiger ist als der Fürst; sie möchte in wichtigen Punkten hinter Christophs Reformen zurück.

Landstände im eigentlichen Sinne aber waren das noch nicht; erst jetzt, im Jahre 1536, als Gefahr vorlag, daß die Brüder, die bereits Truppen warben, offene Fehde begännen, traten solche zusammen, völlig aus eigener Machtvollkommenheit, wenn auch mit Zustimmung der alten Räte Philipps, die die Verwaltung einstweilen weiterführten und wenig von den Aussichten eines Bruderkrieges erbaut waren. Ritterschaft, Prälaten, Städte und Ämter bildeten einen Ausschuß, berieten bald gemeinsam, bald getrennt, schickten ihre Gesandtschaften an die feindlichen Brüder und ermahnten sie mit nicht eben milden Worten, zumal Bernhard, der sich als der trotzigere erwies. Sie haben damals den Vertrag zustande gebracht, indem sie den Grundsatz Christophs, die beiden Markgrafschaften als ein „Corpus" zu behandeln, auf alle Weise zu sichern suchten.

Freilich sind in den nächsten Jahrzehnten die beiden Fürstentümer andre Wege gegangen, und die wechselseitige Verkehrsfreiheit fing an zu zerbröckeln; die Einzelinteressen auch der Untertanen überwiegen. Doch hat noch 1588, als es sich in Baden-Baden darum handelte, die Zunftverfassung einzuführen, der Landtag es nur darum getan, weil es in Baden-Durlach vorlängst schon geschehen war. Die Hauptsache war doch die Verschiedenartigkeit der Charaktere der Fürsten selber. Sie trat uns schon entgegen. Auf der baden-badischen Linie lastete noch als besonderer Unstern die häufige, langdauernde Minderjährigkeit ihrer Fürsten. Allerdings waren in solchen Zeiten die Anforderungen an die Landstände gering, aber es geschah auch sonst nichts, und nach erreichter Volljährigkeit holten die jungen Fürsten das, was die Vormünder im Fordern etwa versäumt hatten, reichlich nach; die Tätigkeit im eigenen kleinen Lande aber behagte ihnen wenig. Philibert (1536 bis 1569), der Sohn Bernhards aus einer späten legitimen Ehe, fiel nach wenigen Jahren eigener Regierung bei Moncontour im Kampf mit den Hugenotten, gegen die er dem König seine „Reîtres" zugeführt hatte, obwohl er sich selber daheim zur protestantischen Religion hielt. Seinen Landständen hatte er geklagt, daß seit der Landesteilung Baden nie mehr zur Ruhe gekommen sei; er selber dachte aber auch nicht an Ruhe. Bei wachsenden Schulden und zunehmender Unwilligkeit der Stände schien der fremde Feldzug eher eine Entlastung. Nach seinem Tode klagten die Stände: Nun sei er nach Frankreich gezogen, ehe er ihre Beschwerden, wie er versprochen, abgestellt, und nicht wieder gekommen.

Schon spielt unter diesen Beschwerden die Überlastung mit dem Wildbret die erste Rolle, freilich um mit den folgenden Jahren und Jahrzehnten sich noch immer mehr zu steigern. Auf dem Landtag von 1567 heißt es bereits: „Der Bauersmann mit Weib und Kindern könne nicht mehr die alten Beschwerungen, Bet, Gülten, von den neuen Auflagen ganz zu schweigen, reichen. An den Amtsrechnungen und den Zehnterträgen könne man das genau sehen; ganze Ackerfluren blieben zu Egärten ungebaut liegen; denn da die Gülten dieselben blieben, so zeige sich beim Ausdrusch, daß man die Baukosten und die gehabte Mühe kaum decken könne. Das müsse schließlich nicht nur die arme Landschaft, sondern auch des Fürsten Einkommen spüren.“ Da der Wildbann überall dem Markgrafen allein zustand, nützte man rücksichtslos dieses Recht, dem kein Maß gesetzt war, aus. Außerdem war die Jagd das beste Vergnügen des Fürsten, und diesen eingefleischten Jägern schien sie niemals zu überreich.

Nach langer Vormundschaft kam mit dem Sohn Philiberts, Philipp II., eine Persönlichkeit ganz anderer Art zur Regierung. Von seinem Vormund, Wilhelm von Bayern, hatte der Jüngling eine streng katholische Erziehung erhalten. An der Universität Ingolstadt hatte er unter der Leitung der Jesuiten seine Studien gemacht — noch sind die Instruktionen seiner Lehrer erhalten —, er hatte mit Anstand das Amt eines Rektors der Universität bekleidet und sich gewöhnt, zu glänzen und mit großen Plänen zu schmeicheln. Er ist fast der einzige der Markgrafen, der sich durch eine feine ästhetische Bildung auszeichnete, im Stile der Jesuitenschule. Als er sich sein Schloß in Baden erbaute, hat er, ganz wie bei den Aufführungen jener Schulen, mit pomphaften Allegorien die Lebensbahn des fleißigen und tugendhaften Jünglings, der seine Züge trägt, in einem Saale malen lassen. Die Tugenden führen ihn ins Leben ein, zu allen Großtaten ihn vorbereitend, während in einem andern Bild der lasterhafte Jüngling allen Lockungen und Verführungen unterliegt. Die bescheidene Tugend der Sparsamkeit besaß er aber nicht. Seinen Landständen kündigte er sich im Jahre 1582 mit der Vorhaltung an, wie gut es ihnen bisher gegangen sei, wie langen Frieden Baden genossen habe, wo andre Länder verwüstet worden seien. Dafür aber sei auch während seiner Minderjährigkeit die Hofhaltung ganz gering gewesen und nichts gebaut worden, alle Häuser seien von Hausrat entblößt. Wenigstens das Schloß Baden müsse jetzt gebaut werden. Seine Absichten aber gingen weiter: Bald hoffe er in die Bestallung seines Vaters bei der Krone Frankreich einzutreten, auch bei anderen Potentaten sich umzutun und sein Glück ebenmäßig mit Ruhm versuchen; nur seiner Untertanen wegen habe er es bisher unterlassen. In der Tat drangen diese fortwährend auf die Verheiratung ihres Fürsten, damit die Erbfolge gesichert werde.

Nun begann Philipp ein Regiment, dem keinesfalls jugendliche Begeisterung und Talent abzusprechen sind; es entsprach dem Ideale, das etwa in den italienischen Fürstentümern ausgebildet war. Man möchte diese Überfülle von Maßregeln, die sich in seiner kurzen Regierungszeit zusammendrängen, mit denen Christophs, seines Urgroßvaters, vergleichen; nur daß jene sorgfältig vorbereitet und nachdrücklich durchgeführt wurden, während die seinen sich überstürzten und ihm die Geduld, sie nur überhaupt im Lande abzuwarten, fehlte. Zunächst verstand es sich von selber, daß er die Gegenreformation mit der größten Eile durchführte, und hier wenigstens hat er es an Nachdruck nicht fehlen lassen; dafür sorgten schon die, die ihn trieben. Er hatte nicht viel Widerstand zu überwinden; die bäuerliche Bevölkerung verhielt sich völlig gleichgültig. Ob protestantische Regenten, ob katholische Vormundschaften, jede hatte zwar offiziell die Konfession des Landes geändert, aber wenig nachdrücklich. Philibert hatte, wie der Landtag seinem Sohne gegenüber rühmend hervorhebt, die Religion jedem freigestellt. Wo sich Bauernfamilien mit lebhafterem religiösem Interesse vorfanden, da waren es hier und in der Ortenau eher Wiedertäufer, die verfolgt und versprengt von Hof zu Hof zogen. Der Reiz der Absonderung, der besonderen Erwählung, den sie ausübten, war im einzelnen stark, im ganzen unwirksam.

Anders in den Städten, zumal in Baden. Hier war die Mehrzahl der Bürgerschaft protestantisch und wollte es bleiben. Der Landtag, an den der Markgraf soeben mit seinen großen Geldforderungen herantrat, nahm sich ihrer an; er tat es mit ernsten Worten, aber im Grunde mit so wenig Zuversichtlichkeit, daß der Mißerfolg, gegenüber dem Eifer und dem Selbstbewußtsein Philipps, von vornherein sicher war: „Der Markgraf habe", so stellten sie vor, „gleich bei Anfang seiner Regierung den Untertanen befohlen, sich der alten katholischen Religion wieder zu unterfangen, katholische Priester zu bestellen, die kirchlichen Zeremonien zu leisten. Sie, die allgemeine Landschaft, wolle sich seiner fürstlichen Gnaden in dero vorhabender Religion nicht widersetzen, aber sie müßten doch vorstellen, daß besonders in den Städten und Marktflecken der größere Teil der Bürger von ausländischen Orten her gebürtig sei, und daß seit Philiberts Zeit die Kommunion nach Christi Einsetzung unter beiderlei Gestalt gereicht worden. Daher wolle die Mehrheit der Bürgerschaft, in Anbetracht ihres Gewissens und weil sie von Jugend auf so unterwiesen und gelehrt worden, für die höchste Beschwerde halten, sich an der Kommunion einerlei Gestalt zu beteiligen. Daher bäte der gesamte Landtag, die Kommunion freizustellen und die Gewissen nicht zu beschweren; das werde den Gehorsam erhöhen und anderen auch Ursach geben, nach der Markgrafschaft zu ziehen." Die Stadt Baden insbesonders verlangte das gleiche mit größerem Nachdruck: sie wolle bei ihrem alten Bürgereid bleiben, die Spitalkirche wenigstens solle mit einem Prediger, der das Wort Gottes der Augsburgischen Konfession gemäß verkündige, und das Nachtmahl unter beiderlei Gestalt reiche, besetzt sein. So möchte die Stadt in Aufnahme kommen; denn lange Zeit vorher seien nur arme Tagelöhner Bürger geworden.

Solche Bitten sahen mehr nach Entschuldigungen aus, gab man sich doch geradezu den Anschein, als ob ein rechter, geborener Untertan seinem Herrn in der Religion nachfolge, daß man aber den Fremden, die man in den Städten um deren Wohlstand willen gern sah, etwas nachgeben müsse. Bei Philipp verhallten solche Wünsche ungehört. Wie gewöhnlich wurden zuerst die protestantischen Geistlichen des Landes verwiesen und jede nichtkatholische Religionsübung untersagt, dann eine Art Zwang, die Predigt zu hören, eingeführt, und denen, die sich nicht an der Kommunion beteiligten, das Geläut beim Begräbnis versagt. Wiederum protestierte die Stadt Baden. Philipp antwortete höhnisch: „Er nötige keinen in die Stadt zu ziehen, aber wer komme, müsse katholisch sein.

Er wolle sich eines schuldigen Gehorsams gegen Gottes und seine Gebote fortan versehen, daß die Bürger sich der Kirche nicht enthalten, sondern das, was ihnen auf der Kanzel und sonst vorgetragen, fleißig und eifrig anhören. Mit großen Kosten habe er, allein ihnen zugut, beschlossen, auf ihre Lehre acht zu geben und sie sowohl öffentlich als auch privatim ihres Irrtums oder vielmehr ihrer Halsstarrigkeit zu überzeugen und für ihrer armen Seele Heil zu sorgen. Ganz wunderlich aber sei ihr Gesuch um das Geläut, da sie allererst nach ihrem Tod die Gesellschaft der Katholischen, so sie im Leben gehaßt, und von denen sie abgesondert zu sein begehren, verlangen. Übrigens sei das Sache der geistlichen Obrigkeit, der er nicht vorgreifen wolle."

Er hatte es gut verstanden, hier einmal die bischöfliche Gewalt in einer Nebenfrage, wie das Kirchengeläute, anzuführen. Im übrigen vollzog er mit einer Eigenmächtigkeit, die man von kirchlicher Seite dem eifrigen Fürsten gern nachsah, ohne jene zuzuziehen, seine katholische Reformation gegen Priester wie Untertanen. Auf diesem Wege wenigstens bestärkten ihn seine Stände, die, wenn schon der Katholizismus wieder allgemein eingeführt wurde, wenigstens eine strenge Staatsaufsicht wünschten. Sie verlangten eine scharfe Verordnung an die Priester, sich nach ihren Pfründen zu richten und nicht durch unmäßiges Zechen und Gesellschaften in Schulden zu geraten. Das ungebührliche, schmähliche Ausschreien auf der Kanzel, das heißt persönliche Angriffe, soll ihnen untersagt werden, da es mehr Widerwillen bei dem gemeinen Mann als Frucht und Nutzen bringe. Ferner solle die große Unordnung bei den Pfarrern auf dem Land beim Gebieten der Feiertage abgestellt werden; denn es sei unerträglich, daß dem gemeinen Mann an dem einen Ort zu schaffen erlaubt, im Nachbarort verboten sei.

Solchen Anregungen kam Philipp gern entgegen: Der Freitag wurde in der Kanzlei eigens für die kirchlichen Angelegenheiten als Amtstag bestimmt; dazu sollten dann Amtleute und Geistliche erscheinen, um sie nicht an andern Tagen zu überlaufen. Die Sonntags- und Feiertagsheiligung wurde einheitlich geordnet, auch einmal von Staats wegen ein Fast- und Bußtag angeordnet, um den göttlichen Zorn bei schweren Gewittern, die die Feldfrucht bedrohten, zu versöhnen, und so wurde auch, ohne daß man sich auf die Billigung der geistlichen Behörden bezog, an allen Freitagen um 5½ Uhr des Morgens eine Messe angeordnet, zu der jeder Untertan kommen mußte; die Feldarbeiter sollten wenigstens eine Viertelstunde, während deren die Glocken geläutet wurden, beten. Denn nach dem Muster, das die Jesuiten aufgestellt hatten, sollte vor allem das Volksleben wieder ganz mit religiösen Gebräuchen und Anschauungen erfüllt werden — eine Eroberung des Volkes von oben her mit Staatsmitteln unternommen, die aber, wenn auch nicht so bald, doch gelungen ist.

Dazu gehörte zweierlei: die Abschließung des katholischen Volkes von den Andersgläubigen und die Beschaffung zuverlässiger Geistlicher, die dem Stand, der schon vor der Reformation, vollends aber in ihr grade bei den Bauern in Mißachtung geraten war, den alten überwiegenden Einfluß, jedoch unter der Obhut des Staates verschaffen sollten. Aus der Stadt Baden wanderten die eifrig evangelisch Gesinnten, um sich dem Zwange zu entziehen, aus; die Stadt klagte, daß Fremde, besonders Welsche, an ihre Stelle träten, Philipp bezeugte seine Freude darüber, ihm sei jeder zuverlässige Katholik recht. Jede Heirat mit Nichtkatholiken wurde wiederholt verboten, den Leibeigenen auch jede Heirat mit Ausländern, und da man einmal im Zuge war, die Eheschließung zu regeln, sollten überhaupt nur Paare zugelassen werden, die mit genügender Nahrung versehen. Staatliche und kirchliche Gesichtspunkte gingen in dieser Eheordnung durcheinander und unterstützten sich. Nicht nur wurde jetzt erst die kirchliche Eheschließung ohne Ausnahme durchgeführt, sondern auch veraltete Bestimmungen, auf die die Kirche selber kaum noch Wert legte, wurden erneuert: Mit Eingehung von Gevatterschaften solle man vorsichtig sein, damit dadurch die Ehen auf Grund geistlicher Verwandtschaft nicht verhindert würden.

Um sich die nötigen Geistlichen zu verschaffen, gründete Philipp zu Baden seine folgenreichste Stiftung, das Seminar. Langsam genug vollzog sich in Deutschland die Errichtung der Priesterseminarien in den Diözesen, wie sie das Tridentiner Konzil vorgeschrieben hatte. Es war etwas Ungewöhnliches, daß dieser kleine Fürst für sein Ländchen etwas derartiges unternahm. Und da man auch da noch immer vor der Abneigung des Volkes, sich in den

Priesterstand zu begeben, stand, wie sie in allen katholischen Gegenden Platz gegriffen hatte und gründlicher als alles übrige den Katholizismus mit dem Aussterben bedrohte, so ging Philipp, im Vertrauen auf die Kraft des Reglements, auch hier von Staats wegen vor: Jedem Amt wurde einfach anbefohlen, einstweilen einen tauglichen Jungen nach Baden ins Seminar zu senden, damit er dort in studio auferzogen werde. An Essen und Trinken solle er keinen Mangel leiden, für Kleidung hätten die Eltern zu sorgen. So wurde auch die Lehre der Jugend geregelt, ein einheitlicher Katechismus, wohl der kleine des Canisius, im ganzen Lande eingeführt.

So war die kleine Markgrafschafft, in der man bisher alles hatte gehen lassen, wie es gehen wollte, im Fluge ein Musterland der Gegenreformation geworden. Es kehren ja diese Maßregeln mit nur geringen Verschiebungen in allen Gebieten, wo diese einsetzte, wieder; aber Baden-Baden war unter der Regierung dieses eifrigen Jesuitenschülers eines der ersten, in denen das System erprobt wurde, das Ignatius Loyola ein Menschenalter zuvor scharfsinnig erdacht und in seinen Briefen an deutsche Fürsten beredt gepredigt hatte.

Wie überall stärkte diese staatliche Durchführung der katholischen Reformation die Fürstenmacht, obwohl es in dem kleinen Land nicht zu so heftigen Kämpfen mit den Ständen kam wie in größeren Territorien. Wäre nicht der finanzielle Zusammenbruch das Ende gewesen, so hätte man sich wahrscheinlich dieser Flut von Verordnungen gefügt, hätte nur die üblichen Klagen und Bitten um Abstellung der Mißbräuche in den Landtagsabschieden erhoben und im übrigen der Zeit vertraut. Nun aber kam es, als man sich in Philipps letztem Regierungsjahr und unter seinem Nachfolger Eduard Fortunatus dem Bankerott gegenüber sah, zu einer Art politischen Ausstandes der ganzen Bevölkerung, in der das Fürstenhaus selber verdrängt wurde. Die Regierungstätigkeit Philipps selber, soweit man sie eben nach den Verordnungen beurteilen kann, die immer gut motiviert werden, war umsichtig; auch werden wir sehen, daß seine Räte dem jungen Herrn bittere Wahrheiten nicht vorenthielten. So ist denn vor allem eine treffliche Kanzleiordnung, die die Geschäfte planmäßig verteilte, zu nennen. Diätenordnungen der Beamten, die jetzt häufiger als früher zum Bericht nach Baden beschieden wurden, ergänzten sie. Sie stehen mit ihrer Sparsamkeit in einigem Widerspruch mit der Verschwendung des Herrn. Die Sorge für die Landessicherheit, die jetzt weniger durch die Fehden der Ritter als durch das geradezu unvertilgbare, umherschweifende Gesindel gefährdet wurde — „schier niemand sei mehr in seiner Wohnung sicher", heißt es in einem Mandat —, wird den lässigen Beamten immer wieder eingeschärft. Für die Rechtsprechung werden die geschriebenen Rechte als Grundlage eingeschärft; und da die bäuerlichen Beisitzer der Untergerichte aus Unverstand und Fahrlässigkeit ihrer nicht achteten, sondern sprächen, wie es ihnen beliebe, sollen die Amtleute sie ermahnen und unterweisen, sich nach ihnen zu richten oder im Zweifelsfalle sich um Rechtsbelehrung an die Kanzlei oder an Rechtsgelehrte zu wenden. Gab es doch noch immer Gemeinden im Land, die um Rückkehr zu ihren alten Gewohnheiten im Erbrecht baten und das unter ihre ständischen Beschwerden aufnahmen, obwohl Christophs Erbordnung nun bereits seit 70 Jahren galt. Formale Ordnungen der Rechtsgeschäfte, besonders des Immobilienverkehrs, die zu einer größeren Sicherheit desselben führen sollten, wurden vorgeschrieben. Philipp ging weiter, er ließ ein vollständiges Landrecht ausarbeiten, einen Vorläufer des späteren badischen, wie es Georg Friedrich herstellen ließ. Es ist nicht mehr zur Veröffentlichung gekommen.

So wurden auch fast alle wirtschaftlichen Verhältnisse der Untertanen einer Verwaltungsrevision unterzogen. Vergleicht man diese Bestimmungen mit entsprechenden Verordnungen Christophs, so zeigt sich, wie überall eine genauere Regelung Platz gegriffen, aber auch, wieviel weitherziger, entgegenkommender die alten Ordnungen waren. Die Verbindung mit Baden-Durlach, das damals religiös und politisch auf dem entgegengesetzten Standpunkt steht, wird, so weit es an der Regierung liegt, abgebrochen: dieser andre Teil der Markgrafschaft gilt als Ausland; wie entschieden auch die Untertanen erklären mögen: Sie könnten den Besuch des Durlacher Marktes nicht entbehren, wird er ihnen doch gesperrt. In diesem Sinne wird noch auf dem letzten Landtag Philipps das Zunftwesen, gegen das sich bisher die Stadt Baden gesträubt hatte, eingeführt. An Stelle der alten, ausdrücklich zugesicherten und auch fast ausnahmslos gewährten Verkehrsfreiheit, tritt nun erst mit aller Entschiedenheit die Abschließung, die im eigenen Ländchen alles, was ihm wünschenswert erscheint, zurückzuhalten sucht, um nur den Überschuß nach außen zu leiten. Wenn alle Viehausfuhr verboten wird, so geschieht es, damit zunächst dem Küchenmeister für die Hofhaltung das beste Vieh zur Auswahl angeboten werde, dann den Badener Metzgern, darauf den Amtseingesessenen; hier wird sogar der Marktbesuch verpönt — es könnten ja fremde Käufer kommen —, während man ihn sonst, hiermit in Christophs Richtung weitergehend, zu fördern sucht. Denn noch immer bedient sich der Verkehr mit Vorliebe naturalwirtschaftlicher Hilfsmittel, und die einreißende Geldverwirrung begünstigt das von neuem. Nicht nur in den Rebdörfern ist der Umtausch des Mosts oder Weins gegen andre Lebensmittel allgemein gebräuchlich beim kleinen Winzer, sondern auch die Schuhmacher, die lieber mit ihrer Ware hausieren gehen, als die Märkte besuchen, tauschen sie mit Vorliebe bei den Bauern gegen Hanf ein. Die Herrschaft selber aber treibt solche Naturalwirtschaft, gründet zum Teil ihre Finanzen darauf: Wenn Philipp die Untertanen zum pünktlichen Einliefern der Gülten ermahnt, so verspricht er ihnen dafür, sie auch mit Vorschüssen an Getreide nicht im Stich zu lassen. Darum sollen aber auch die Zehntfrüchte im Lande bleiben. Die Gemeinden werden ermahnt, fremde Zehnten möglichst billig zu leihen, aber nichts zu verkaufen; dagegen sollen natürlich die Zehnten der Herrschaft selber möglichst hoch verliehen werden.

Wo nach außen verkauft wird, da bevorzugt man die Form des Monopols, das zwar nicht vom Staat geübt, aber von ihm eingesetzt wird. So wird, allerdings nach dem Vorbild von Baden-Durlach, aber auch mit deutlicher Wendung gegen es, ein Monopol des Wollenhandels aufgerichtet. Auch plötzliche Eingriffe sind an der Tagesordnung. Als im Jahre 1687 der Markgraf befand, daß er für seine Hofhaltung zu wenig Hafer habe — denn er hatte seinen Marstall gewaltig vergrößert —, so erließ er den Befehl, daß niemand Hafer als an ihn verkaufen dürfe; er wagte freilich den Preis nicht festzusetzen, sondern bestimmte, daß der Tagespreis der Hauptverkaufszeit vom 1. November (drei Wochen Frist nach Erlaß des Edikts) gezahlt werden solle, sagt sich aber, daß infolge dieses Mandats sofort die Zufuhr von Hafer zum

Markte stocken und die Preise steigen werden. Deshalb sollen die Amtleute sich schon unter der Hand über eine Taxe verständigen und erst nach deren Vereinbarung das Mandat veröffentlichen.

So möchte er auch die Kreditverhältnisse staatlich regeln. Unablässig bemüht, jede Lücke zu erspähen, durch die sie eindringen könnten, alle Schäden der Volkswirtschaft ausnutzend und verschlimmernd, hatten die Kreditgeschäfte, an denen sich bereits die wohlhabenden Bürger christlicher Konfession mit Vorliebe beteiligen, sich damals darauf geworfen, die Münzverwirrung für sich fruchtbar zu machen. Namentlich in den Reborten, wo das Kreditbedürfnis des kleinen Mannes in schlechten Jahren ständig war und deshalb auch in guten nicht aufhörte, war es üblich, daß Geld zu höherem Werte vorgeschossen als angenommen wurde, oder auch, daß unbekannte und ungangbare Münze vorgestreckt, nur gang und gäbe wieder genommen wurde. So wurde denn der unerfreuliche Zustand, daß sich der Auswurf aller Münzstätten Europas in diesen kleinen Staaten herumtrieb, noch immer verschärft. Die Wirte, die gewöhnlich die Darlehen vermittelten, hatten noch die besondere Findigkeit, die Geldbedürftigen solange hinzuhalten, bis sie einen guten Teil der erwarteten Barschaft schon im voraus verzehrt hatten. Man behauptet ja heute ein gleiches von ihrer Freundschaft zu den Weinreisenden, die, um Geschäfte machen zu können, auch bei ihnen besser leben müssen, als ihrem Beutel und ihrer Gesundheit zuträglich ist. Was freilich die scharfen Münzmandate Philipps genützt haben, mag zweifelhaft sein.

Weit eingreifender war sein Verhalten in der Frage der Judenschulden. Abwechselnd waren in dieser Zeit die Juden in der Markgrafschaft bald zugelassen, bald wurde ihnen wieder der Aufenthalt aufgekündigt. Zum größten Teil waren es, wie man an den winzigen Beträgen der Schutzgelder, die sie unter sich selber umlegen durften, sieht, arme Gesellen, kleine Landhausierer. Als eine besondere Beschäftigung wird der kleine Ankauf von Gerberwolle, die die monopolistischen, großen, christlichen Wollhändler ihnen überließen, genannt. Dagegen hatten sich die verhältnismäßig Wohlhabenden unter ihnen bereits mit dem Viehhandel, den ihre eigenen Metzger ohnehin nicht entbehren konnten, eingelassen; besonders den Pferdehandel hatten sie an sich gezogen, so daß ihnen die Markgrafen die Stellung der Postpferde als lästige Frond auferlegen konnten. Da die Landwirtschaft am ganzen Oberrhein damals verhältnismäßig mehr Pferde zum Zug benützte als heutzutage, standen sie mit Groß und Klein, vom Fürsten bis zum Bauern in lebhafter Geschäftsbeziehung, und vom Viehandel war das Darlehen, von diesem die Überteuerung unzertrennlich. Hier waren es die Stände, die wiederholt auf Ausschaffung der Juden drangen, indem Philipp dem willfahrte, verband er eine Kreditregulierung und zugleich eine seiner beliebten Finanzspekulationen damit. Er befahl sämtliche Schulden an Juden binnen bestimmter Frist anzumelden, die Scheine einzuliefern. Die Forderungen sollten auf ein billiges Maß zurückgeführt, die Juden abgefunden werden — sie werden froh gewesen sein, wenigstens die Hauptsache herauszubekommen —, im übrigen wollte der Markgraf der einzige Gläubiger sein und die Schulden abwickeln. Sieht man von der Gewaltsamkeit zum Beginn ab, so wäre das ja ein ganz modernes Verfahren; es hätte sich sogar eine Art Landeskreditkasse daraus entwickeln können; aber dazu waren Philipps eigene Finanzen viel zu ungeregelt. Übrigens war die Maßregel doch nicht ganz streng durchgeführt worden. Zwei Juden waren in Rastatt und Ettlingen belassen worden, wie er den Ständen mitteilte, des Silberkaufs, des Geldwechsels und des Pferdehandels wegen. Es waren natürlich die reichsten. Jeder zahlte jetzt 500 fl. Schutzgeld.

Am deutlichsten, aber auch am besten durchdacht tritt dies System der Staatsbevormundung, die einseitige Fortentwicklung der Verwaltungsgrundsätze Christophs, in Philipps Forstordnungen hervor, wohl den eingehendsten und sorgfältigsten, die das ganze an Forstordnungen reiche Jahrhundert hervorgebracht hat. Das System der Staatsaufsicht, das wir jetzt das der Beförsterung nennen, war damals in beiden Markgrafschaften aufgekommen, wie es seitdem mit kurzen Unterbrechungen immer gegolten hat. Zu den Förstern der herrschaftlichen Wälder, deren Pflichten und Befugnisse schon Christoph geordnet hatte, waren die Forstmeister für das ganze Land getreten. Denn da die Gefahr des Holzmangels für die Wälder der Untertanen ebenso vorhanden sei wie für die der Herrschaft, sollte die Aufsicht über Hauen und Räumen des Holzes auch für die Wälder der Gemeinden und Privaten gelten. Die Rügung in den Gemeindewäldern wird den genossenschaftlichen Beamten derselben, den Bannwarten und Waldhütern entzogen, den herrschaftlichen übertragen. Ebenso aber werden auch alle fahrlässigen Privatbesitzer zur Waldfrevelstrafe gezogen.

Die Bedingung dafür, daß ein solches System wirklich gut arbeitete, war die Zuverlässigkeit der Beamten. Noch auf Jahrhunderte hin hat man grade im Forstwesen Mühe gehabt, sie zu erreichen. Denn nirgends ist eben doch widerrechtliche Begünstigung und Durchstecherei so leicht möglich und so schwer faßbar als im Wald. Schon Nachsicht und Nachlässigkeit waren kaum etwas andres. Wo aber fast unvermittelt die Befugnis der Eigentümer so stark beschränkt wurde, was doch sicherlich mit dem Willen der wenigsten geschah, wo der Herrschaftswald mit Servituten belastet war und der Bauer es für sein gutes Recht hielt, sich seinen Anteil aus dem Walde selber zu holen, da waren die Übertretungen an der Tagesordnung. Zudem hatten bisher immer die Förster ihre Besoldung aus den Gebühren bei den Holzanweisungen an die Untertanen erhalten; es war schon ein Fortschritt, daß bereits 1553 die Murgförster (die Förster der großen Waldungen von Kuppenheim bis Gernsbach) angewiesen waren, nicht auf den armen Leuten zu liegen, sondern die Gebühren von den Gemeinden zu erheben. Jetzt nun machte Philipp II. den Versuch, der schon 20 Jahre früher (1567) in Württemberg angestellt war, die Geldbesoldung vom Forstmeister bis herunter zu den Holzmachern durchzuführen. Nur an den Rügen erhielten die Förster noch einen Anteil von nur einem Sechstel, um ihren Eifer zu spornen; sonst mußten alle Gefälle verrechnet werden wie auch alle Zehrungen. Jedes Geschenk, jede Beinutzung von eigenem Vieh und Schweinen, jeder eigene Holzhandel war verboten, zum Waidwerk mußte besondere Erlaubnis erteilt werden.

So wird das gesamte Rechnungs- und Buchungswesen geregelt. Von jener Zeit ab wird das Forstbureau das oft mißmutig ertragene, aber ebenso fruchtbare zweite Feld der Wirksamkeit für den Forstmann neben dem Walde. Schon Christoph hatte eine wechselseitige Kontrolle der Förster auf der Hardt eingeführt. Die Einführung des Forstmeisteramtes diente dann gleichem Zwecke; in der Ordnung der Murgförster etwa war bereits verfügt, daß kein Förster ohne den andern verkaufen solle, daß sie alles erlöste Geld gemeinsam in Empfang zu nehmen und mit den gemeinsam aufgestellten Jahresrechnungen abzuliefern haben. Dieses in seinen Erfolgen recht zweifelhafte System scheint man jetzt aufgegeben zu haben.

Jeder Förster hat sein eigenes, gesondertes Revier; aber für alle Ausgaben und Einnahmen wird doppelte Quittung, vom Förster und von seinem Vorgesetzten, erfordert. Die Anordnungen für die Aufstellung der Rechnungen zeigen, wieweit schon die Schulung der Schreibstube gediehen war. Man braucht sich nur Rechnungen und Lagerbücher des 15. Jahrhunderts anzusehen, um zu wissen, daß noch zwei Menschenalter früher solche Forderungen unmöglich gewesen wären. Das Wichtigste ist doch, daß jeder Verkauf, auch der von Windfällen, genau nach Morgen, Klaftern, Stämmen gebucht werden muß. So wird auch die Führung der Lagerbücher, die genaue Beschreibung der Gemarkungen und ihrer Lachen geordnet und ihnen ausdrücklich urkundliche Kraft beigelegt. Das ist freilich nur eine genauere Regelung jener „Untergänge" geschworner Märker, wie sie bis in die ältesten Zeiten fester Ansiedlung zurückreichen. Von hier bis zur Waldvermessung und zur Revierkarte ist noch ein weiter Schritt. Erst das 18. Jahrhundert hat ihn getan.

Noch kennt freilich auch die beste Forstwirtschaft jener Tage nicht einen Betriebsplan im Walde. Wie sich der Bedarf herausstellt und wie sich der Erwachs an altem Holz zeigt, werden jedes Jahr an geeigneten Orten die Schläge aufgetan, im Januar und Februar geschlagen und geräumt und der Schlag alsbald darauf gebannt und gehegt. So war es auch in frühern Forstordnungen, zum mindesten seit Christophs Ordnung für die Hardt, nachdem man das ganz unregelmäßige Pläntern, wie es in den Gemeindewäldern üblich war, aufgegeben hatte. Für Baden-Baden hatte schon bei der ersten Einsetzung der Forstmeister 1566 Philibert das Hauen in „regelmäßigen Schlägen" angeordnet. Aber was hieß Regelmäßigkeit ohne Vermessung und gleichmäßige Einteilung? Statt auf eine genaue Ortseinteilung geht die Ordnung Philipps auf eine sorgfältige Behandlung der einzelnen Holzgattungen aus, wozu die altübliche, besondere Berücksichtigung des Eichenholzes den Anstoß gab. Jedes Holz, setzt die Ordnung von 1587 auseinander, diene seinem eigenen

Zweck und sei besonders zu behandeln. Die Eichenwälder in der Ebene sind ganz zu schonen. Nach wie vor ist hier die Schweinemast, das Eckerich, die Hauptnutzung und nur ganz alte Bäume, die keine Eicheln mehr tragen, wurden geschlagen. Im allgemeinen aber sollten Eichen nur in den Gebirgstälern, wo man sie nicht anders nutzen könne, gehauen werden. Wo man Weiden in den Wald gesetzt hat an Plätzen, an denen auch Eichen stehen könnten, soll man sie durch diese ersetzen — es sind die feuchten Niederungen des Rheintals gemeint. So sucht man zu einem möglichst einheitlichen Bestandsbild zu gelangen. So war schon Christophs Ordnung im Hardtwald darauf ausgegangen, durch künstliche Verjüngung und Neupflanzung Föhren- und Eichenschläge voneinander zu trennen; auch hier hatte die Einführung oder Ausbreitung der Föhre dazu dienen sollen, den Eichwald zu entlasten. In den Tannenwäldern wird dementsprechend zu besserer Schonung verfügt, daß Zimmerholz, Sägeholz, Brennholz zu scheiden seien. Pfahlholz, Reifstangen waren nur in Schlägen, wo es unschädlich und vom Forstmeister angeordnet, zu hauen, worin wir die ersten Anfänge einer freilich noch nicht planmäßigen Durchforstung zu sehen haben. Schon früher war bestimmt worden, daß alles Werkholz, das für Wagner und Pflugmacher tauglich, vorher ausgesondert werden soll. Das Eichenholz aus bestimmten Gegenden, so vom Eichelberg, dem runden Eckpfeiler am Eingang des Murgtales, der damals seinen Namen noch mit Recht führte, müssen den herrschaftlichen Küfern zuvor angeboten werden.

Auf das Pflanzen, jedoch nur der Eichen, wozu die Dorfleute unter Aufsicht der Forstknechte angehalten werden, wird große Sorgfalt verwendet; für die Buchenwälder genügt es, etliche grade Bäume in jedem Schlage zur Besamung stehen zu lassen.

Nicht sowohl im Walde als vielmehr beim Verbrauch und bei der Verrechnung setzt die rationelle Ordnung ein. Alle Holzberechtigungen sollen revidiert, genau verzeichnet, womöglich liquidiert werden. Die Sorge vor einreißendem Holzmangel beginnt in jener Zeit die Landesverwaltungen zu ängstigen; die meisten Forstordnungen entstammen ihr; hier im Badischen wird sie ebenso durch die bisher üblichen Holzbauten der Landbevölkerung wie durch den Aufschwung des Holzhandels gefördert. Gewiß, sie schien unberechtigt, wenn man sieht, wie in den entlegeneren Wäldern die

Verwüstung durch Pottaschensieder und Harzer, die diese Forstordnung beklagt, ohne sie abstellen zu können, im Schwunge ist; aber sie war für die bequemer gelegenen, immer wieder in Anspruch genommenen Wälder wohlberechtigt. So ist denn Sparsamkeit, die erste Stufe wirtschaftlicher Einsicht, ehe man auf einer höheren auch zu wirtschaftlicher Kraft gelangt, angezeigt. Alle Neubauten auf dem Lande unterstehen dem Rat, Wissen und Willen der Amtleute. Schon 1566 waren Baubeseher eingeführt worden und die Holzabgabe aus den Herrschaftswäldern, wo Servituten vorhanden, von ihrer Schätzung abhängig gemacht. Auch wo die Gemeinden Wälder mit eigenem Bauholz haben, soll aber jetzt der Amtmann die strengste Baupolizei üben, „damit auf dem Land nicht so köstlich, sondern nur Erdhäuser zu ziemlicher Notdurft und, wo es sein kann, mit Steinen und stets mindestens drei Fuß hoch, gebaut werden". Eine Aufsicht über die Feuerstätten mit jährlicher Visitation war ohnehin, um die Brände zu vermindern, schon durch die Landespolizeiordnung eingeführt. Die Anweisung des Brennholzes aber, nachdem der alte Gebrauch, das vom Wind geworfene Holz dafür zu nehmen, der Schlagwirtschaft gewichen war, wird ebenfalls nach Schätzung den ganzen Gemeinden angewiesen.

Der Holzhandel hatte in diesen Jahrzehnten einen raschen Aufschwung genommen. Christoph hatte einst in ihm das beste Stück des Landesreichtums erkannt. Unter ihm war nach dem Ideal der Preisbildung, das wir bei Betrachtung der Gewerbe noch genauer kennen lernen werden, in der Form der Taxe mit genauer Berücksichtigung aller aufgewendeten Arbeitskosten von der großen Genossenschaft der Murgschiffer der Bauholzpreis für alle einzelnen Plätze des Oberrheins bis Mainz reguliert und die Bordholzlieferung durch Verträge mit den Städten und Herrschaften, so durch den immer wieder erneuerten Pfeddersheimer Vertrag, festgestellt worden. Aber auch die weitere Ausfuhr über Mainz hinaus hatte Christoph im Auge behalten. Wir besitzen noch den erregten Brief, den er an seinen Freund Kurfürst Philipp schrieb, um die von den rheinischen Kurfürsten beabsichtigte Erhöhung der Rheinzölle auf Holz zu hintertreiben; denn sonst würde es mit dieser letzten Ware so gehen wie bei Menschengedenken mit den oberländischen Weinen, die vom Rheine abgetrieben worden seien. Nicht überall hatte er freilich hier die Verkehrsfreiheit gefördert:

Das Statut der Pforzheimer Flößer, das er zwar nicht gegeben, aber bestätigt hatte, war nichts weniger als frei, sondern vielmehr darauf bedacht, in der Stadt, die die drei Schwarzwaldflüsse, welche zu den reichsten Holzgebieten führen, beherrscht, den Holzhandel zu konzentrieren und ihn den württembergischen Nachbarn abzustricken.

Seitdem hatte sich die Murgschifferschaft mächtig ausgedehnt, sie empfing eben damals unter dem Vorstand der Genossenschaft, dem Hauptschiffer Jakob Kast, ein neues Gepräge, das des Monopols, wie zu gleicher Zeit der Wollhandel, nur daß hier ein einzelner, zugleich rücksichtsloser und hochbegabter kapitalistischer Unternehmer ohne Staatsunterstützung seinen Willen durchgesetzt hatte. Nicht ohne Widerstreben der Genossen, die doch von dem Großunternehmer nicht loskommen konnten und schließlich nur in ihrer Unabhängigkeit Schaden litten, in ihrem Wohlstand aber voran kamen, geschah dies. Der Kreis des Einkaufs aber erweiterte sich; auch in Straßburg, dem Endpunkt und der Beherrscherin der Kinzigflößerei, hatte Jakob Kast von Hörden festen Fuß gefaßt und Mainz abwärts bis in die Niederlande gingen seine Flöße; das badische Zollregister jener Tage zeigt, wie daneben aller andre Verkehr auf dem Strome zurücktrat. Von seinem prächtigen Hause in Gernsbach aus, das als eine der reizvollsten Schöpfungen der deutschen Renaissancebaukunst noch heute von dem guten Geschmack des alten Hauptschiffers zeugt, leitete er den westdeutschen Holzhandel.

Sein Beispiel muß höchst aufregend gewirkt haben. Anteil zu nehmen am Holzhandel, wenigstens bis Steinmauern, dem Einbindeplatz an der Mündung der Murg, wo die großen Rheinflöße zusammengestellt wurden, wurde jetzt die beliebte Spekulation. Die Stadt Baden, die von jeher eigenen Holzhandel aus ihren großen Waldungen trieb, den ihr Christoph in seinem Freiheitsbriefe bestätigt hatte, dehnte ihn aus und richtete ihre Forstverwaltung etwa gleichzeitig mit der allgemeinen Forstordnung neu ein. Dementsprechend steigerte sich auch der alte Zank mit dem Kloster Lichtenthal, der Familienstiftung der Markgrafen, das für seine Hintersassen im Dorfe Beuren seine Holzrechte in der gemeinen Mark — denn eine solche war doch der Stadtwald ursprünglich — immer weiter ausdehnte. Die waren alle Kübler und Schnitzler und schienen dem gestrengen Stadtrat von jeher als Eindringlinge, die sich die besten Bäume, für die man doch jetzt einen stattlichen Erlös erzielen konnte, aus dem Walde holten. So taten auch andre Gemeinden, die über eigene Wälder verfügten, und mancher, der es einmal mit dem Glück versuchen wollte, ging mit dem Floß, an dem er Teil und Gemein hatte, zu lustiger aber nicht immer erfolgreicher Reise abwärts, etwa wie damals in der großen Rheinstadt Köln jeder einmal gelegentlich Weinhandel trieb und Ausflüge, halb Vergnügungs-, halb Geschäftsreisen zum Einkauf an die Mosel, zum Verkauf in die Niederlande unternahm. So fing die Spekulation an zu rütteln an der uralten Wirtschaftsweise, die im Wald nur die Allmende sah, welche mit Eckerich, Weide und Beholzung nach Maßgabe des Bedarfs der einzelnen Markgenossen genutzt wurde.

Die Regierung aber wollte wohl den Verkauf, nicht aber die Spekulation. So klagte denn die Forstordnung, daß das Holzgewerbe durch unmäßiges Fällen die jungen, angehenden Wälder schändlich verderbe. Ein besonderes Ärgernis war ihr, daß so viele das Holz auf dem Stamm an Ausländer verkauften. Dazu aber würden ihrer viele befunden, die um Faullenzens und Schlemmens wegen, ihre eigenen Güter und ehrlichen Handlungen ganz verließen, sich des Holzgewerbes und Flößens annähmen mit ihrem eigenen Verderben, während Weib und Kind hungerten und die Güter ungebaut stünden. Da sollte nun die Staatsaufsicht helfen: Kein Untertan oder Schirmverwandter, der eigene oder Lehenwälder habe, solle eigenmächtig In- oder Ausländern Holz verkaufen, alle bestehenden Kontrakte wurden hiermit aufgehoben, alles Schlagen und Flößen wird auf die Mengen beschränkt, die von einer staatlichen Kommission, nach Gelegenheit der Wälder, jährlich festgesetzt wird. Pfahlholz darf nur aus den bestimmten Schlägen gehauen, nur in die Städte und Flecken des Fürstentums geflößt, unterwegs das Floß nicht aufgebrochen werden. So hofft man dem Fürkauf zu steuern; denn hier wie überall suchte man den Kauf aus der Zwischenhand zu verhindern; dafür waren ja die fürstlichen und städtischen Holzhöfe und ihre Kontrakte da, um das Holz zu gewissem Preise in die Hände der Verbraucher überzuleiten. Aber auch die großen Eigenverbraucher sucht man im Zaum zu halten. Gutes Bau- und Bordholz, von Tannen, war im westlichen Deutschland eben nur im Schwarzwald bequem zu haben, von den Zeiten an, da das conterbernium nautarum an der Alb dem Neptunus seinen Votivstein setzte und die Riesenpfähle zum Bau der Mainzer Brücke hinabflößte. So war es denn gebräuchlich, daß zu großen Gebäuden die Städte und Fürsten auf dem Schwarzwald in einer großen Bestellung das Holz auf dem Stamm kauften. Auch solcher Kauf der Fremden wurde von besondrer Erlaubnis der Herrschaft abhängig gemacht. Nach Einführung der staatlichen Forstaufsicht verstand sich das zwar eigentlich von selber; aber es war doch rätlich, den allgemeinen Grundsatz in jedem Einzelfalle noch besonders einzuschärfen.

Rechnen wir auch, daß die schroffsten Bestimmungen mehr Vorsätze blieben als Tatsachen wurden, so bedeutet die Forstordnung Philipps dennoch in allen Punkten einen großen Fortschritt. Und doch sehen wir nur zu gut, daß für den Markgrafen selber das alles nur ein Nebeninteresse ist, überwogen von dem einen beherrschenden, dem an der Jagd. Die Beschränkung der Bauernjagd ist in ihr auch auf alle Vögel ausgedehnt; Krähen- und Lerchenfänger müssen wenigstens weit vom Dohnenstrich ihre Netze ausschlagen. Schwere Leibesstrafe ist jedem Frevler angedroht. Besonderes Mißtrauen wird den Hirten und ihren Hunden entgegengebracht. Keine Gemeinde darf einen Hirten ohne Wissen des Forstmeisters bestellen. Das übrige aber sagen die Landtagsbeschwerden; sie wiederholen verstärkt die früheren Klagen: Im unteren Murgtal war der Ackerbau durch den Wildschaden ganz unergiebig geworden. Aber auch den Dörfern im Ried mußte die Bede auf die Hälfte der früheren gesetzt werden, weil die Äcker größtenteils zu Wald geworden waren. Der Rhein, der in diesen Jahren halbe Gemarkungen wegriß, in der Ebene, das Wild in den Tälern, sind die beiden großen Schäden des Landes.

Eine Staatsgängelung, wie sie Philipp, so weit er vermochte, in seinem Ländchen durchführte, war nur möglich, wenn er die Untertanenschaft selber nach Kräften beisammen hielt. Die neue Landesordnung, in der er wie einst Christoph seine Maßregeln zusammenfaßte, enthielt das Verbot, Ausländern liegendes Gut zu verkaufen. Ausländer, die zur Zeit solches im Lande besitzen, müssen es sofort verkaufen, widrigenfalls es ihnen binnen Monatsfrist, und zwar nach einem Anschlag der Regierung versteigert wird. Fällt ihnen durch Erbschaft solches zu, so bekommen sie wenigstens zwei Jahre

Frist. Der freie Zug war außer den Bürgern der Residenz jetzt völlig gesperrt. Die südlichen Vogteien, Bühl, Kroschweyer, die von jeher Freizügigkeit mit den Untertanen der Landvogtei Ortenau und den Reichsleuten gehabt hatten, beschwerten sich bitter und blickten neidisch auf die Freiheit jenseits der Grenze. Gegen die Durlacher Vettern aber ward schon der religiösen Verschiedenheit wegen die Grenze jetzt unübersteiglich gemacht. Wir sahen schon, wie auch religiöse Gründe mitwirkten, den Leibeigenen alles Ausheiraten zu verbieten. Denen, welche den Abkehrschein erhielten, wurde das Abzugsgeld sehr erhöht; denen aber, die „entlaufen", das heißt ohne Erlaubnis sich aus dem Land entfernen, sollen alsbald Weib und Kind nachgeschickt werden mit der Weisung, sich nie mehr im Lande blicken zu lassen. Auch hier aber wird an Stelle der vielen, oft von Ort zu Ort verschiedenen Leibeigenschaftsrechte eine einheitliche Ordnung durchgeführt: Der Todfall, immer die wichtigste Leibesabgabe, wird für Kinderlose und die, welche wenige unversorgte Kinder zurücklassen auf 2½% festgesetzt. Mit der Zahl der unversorgten Kinder findet eine steigende Ermäßigung der Abgabe bis zu 1% statt.

Alles in allem war das eine Erhöhung, die zu Klagen Anlaß gab. Doch sie verschwand gegen die Finanzkünste, deren sich dieser erfindungsreiche Fürst im übrigen bediente. Er hatte sie nur zu nötig. Er war jung, geistreich, lebenslustig, mit großen Plänen im Kopfe. Er wollte leben und genießen. Der Hof wurde eingerichtet, wie er es etwa bei den nahverwandten Wittelsbachern gesehen; er wollte die Welt sehen und konnte das nur als großer Herr tun. In Rom, wo man sich über einen so eifrig katholischen Reichsfürsten freute und über den Umfang seiner Macht nicht recht im klaren war, knüpfte er Beziehungen, die für seine weitere Laufbahn wichtig werden konnten. Er war ein erklärter Liebling Papst Sixtus V., des großen Menschenkenners, der offenbar in ihm einen der wertvollsten, neu heranwachsenden Kämpfer der Gegenreformation erblickte. Wirklich erlangte er in Rom etwas, was nur in den seltensten Fällen gewährt wurde. Das Kloster Schwarzach, dessen Vogt doch der Markgraf nur war, mit dessen Abt noch soeben ein langwieriger Zwist geherrscht hatte, wurde Philipp eingeräumt, um mit seinen großen Einkünften das Priesterseminar zu fundiren. So viel wichtiger erschien jetzt, und gewiß mit Recht, dieses als eine der alten Benediktinerabteien. Freilich hat hinterher das Reichskammergericht, nachdem schon die Schwarzacher Klosteruntertanen unablässig bei den badischen Landständen ihre Beschwerde auf Wiedereinsetzung eines Prälaten angebracht hatten, die Einziehung wie das unberechtigte Eingreifen des Papstes für ungesetzlich erklärt und rückgängig gemacht. Auch erfreute Philipp in Rom durch jene respektvoll-erbauliche Frömmigkeit, die dem Jesuitenschüler eigen ist, und beim Hochamt diente er als Ministrant zugleich mit einigen bekehrten japanischen „Prinzen". — Man sieht: die „Daimios" schätzten sich schon damals hoch ein und rangierten mit dem deutschen Reichsfürsten.

Dann trieb ihn der Wunsch, fremde Höfe kennen zu lernen, nach Frankreich. Die Stadt Baden klagte auf dem Landtag, daß er ihre Kasse als Reisegeld mitgenommen — er selber sagte: entlehnt habe. Das Jahr 1584 führte ihn nach Brüssel; alles wies ihn auf engen Anschluß an Spanien hin, und wohl nicht mit Unrecht hoffte er, dort sein Glück machen zu können. Dorthin schickten ihm die Räte einen der Ihren mit einem gemeinsamen Schreiben nach, das in das Verhältnis der Fürsten jener Zeit und ihrer Berater einen merkwürdigen Einblick gewährt: Mit bureaukratischer Umständlichkeit, als ob sie annähmen, daß ihn am Brüsseler Hofe wirklich solche Dinge interessierten, unterrichten sie ihn über allerlei Kleinigkeiten der Verwaltung und Justiz, halten ihn bei der Lektüre durch Nachrichten über den Fortgang der Malereien im Schloß fest und geben ihm die erfreulichsten Berichte über die Erfolge der Gegenreformation in Baden; überraschend schnell habe sich das Volk wieder an katholische Sitte gewöhnt, zeige sich dabei ganz gottesfürchtig und andächtig, so daß der Mangel nur noch bei den Geistlichen stehe, die freilich schier mehr weltlich denn geistlich sein wollen. Leise entschuldigen sie, daß sie etwas stärker Wild abschießen lassen. Sie gaben damit jedenfalls dem Wunsch der Untertanen nach, führen aber zu ihrer Entlastung an, daß es sonst doch nur den Ausländischen in ihre Jagden laufe. — Das Wild hatte eben kein Verständnis für ausschließlich baden-badische Landespolitik. Geflissentlich heben sie ihre Sparsamkeit hervor. Die Kanzlei sei noch nie so schwach besetzt gewesen: 7 Räte, 3 Sekretäre, je 1 Registrator, Renovator, Kammerschreiber, 2 Ingrossisten; so haben sie auch die ständige Hofdienerschaft auf 14 zurückgebracht

— und dennoch wachsen die Schulden. Es sind wieder 30000 fl. unbedingt nötig; und neue Anleihen zu machen ist, wie jetzt der Weltlauf ist, fast unmöglich. Die Straßburger Firmen wie die Fugger versagen, sie wollen weder mit, noch ohne Bürgschaft leihen, sondern verlangen Pfandbestellung und Verschreibung von Adel und Ständen, auch dann aber nicht mehr zu 5%, sondern zu 8 ja 10! Damit kommen sie zur Hauptsache, zu den scharfen Ermahnungen. Etwa 300000 fl. Schulden, die die Stände übernommen hatten, hatte er bei seinem Regierungsantritt vorgefunden, in 6 Jahren hat er 240000 fl. neue gemacht — übrigens hat er es in den weiteren vier Jahren seines Lebens auf über 800000 fl. gebracht. Was solle ein Marstall von 60 kostbaren Pferden, die zu erhalten allein 8000 fl. koste, wenn sie doch nur unnütz auf der Streu stünden, indes er in der Welt herumreise? Wie oft hätten sie ihn ermahnt, sich wie andere benachbarte Reichsfürsten seinem Einkommen gemäß zu halten und daheim zu bleiben, was mehr Nutz als alle seine Reisen schaffen werde. So spielen sie ihren letzten Trumpf aus: Nicht nur ihm, sondern der ganzen Markgrafschaft hätten sie gelobt und geschworen; darum böten sie ihm insgesamt ihre Entlassung an, da sie die Verantwortung und den Unglimpf nicht tragen könnten. Das erfordere ihre Pflicht und Ehre.

Und Philipp? — Mit der unverwüstlichen, vornehmen Heiterkeit, — fast möchte man sagen: mit der Künstlernatur wie er sie besaß, dankte er für ihre Aufrichtigkeit und gab die Entlassung nicht. Ob es aber für die Finanzen des Landes so viel besser gewesen wäre, wenn er daheim geblieben wäre, mag man wirklich bezweifeln. Denn dort stachelte ihn die Baulust, das Erbteil, das diese Fürsten der Barockzeit von denen der Renaissance mitbekommen hatten. Das ist sicher: er ist der beste Kunstkenner und begeistertste Kunstfreund unter den badischen Markgrafen gewesen. Das neue Schloß in Baden-Baden legt noch in seiner Verunstaltung wenigstens durch seine Ausstattung davon Zeugnis ab; besseres aber die prächtigen Grabmäler, die er durch Meister Hans von Trarbach in der Stiftskirche errichten ließ. Zugleich ließ er in Rastatt ein Schloß erbauen — er entzog dazu der Dorfschaft ohne weiteres nicht weniger als 30 Morgen ihrer Ackerflur; ein befestigtes Haus in Stollhofen folgte; dazu ein Jagdschloß in Scheibenhardt mit einem neuangelegten See, über den die ganze Umgegend klagte.

Da galt es die Fronden aufs äußerste anspannen. Unumwunden gab er dem Landtag zu, daß das Land ausgemergelt sei durch diese Bauten, daß wegen der Frondfuhren die Güter nicht mehr genügend gebaut werden könnten; jedoch 30 Frondfuhren gebührten sich für jeden Untertan. So wolle er denn statt dessen eine Steuer in Geld und Hafer erheben, wobei er sich ausrechnete, daß er die Hälfte der Kosten trage. Noch aber war bis tief ins 18. Jahrhundert die Naturalfrond dem Bauern überall lieber als eine Geldzahlung. Und nun folgte eine neue Steuer der andern, immer von ihm so eingerichtet, daß er die Stände nicht zu befragen brauchte. Er besann sich auf alle seine Regalien oder was er dafür hielt, und immer suchte er dem Mandat einen schönen Anstrich zu geben: Zu dem Wollmonopol trat jetzt das Salzmonopol; dem nächsten Landtag wurde klar gemacht: Nur die Fürkäufer trügen den Schaden, für das Land seien die Salzkammern eine Wohltat, wenn sie erst ganz durchgeführt wären. Der Trottwein wurde verdoppelt, von zwei auf vier Ohm vom Fuder. Der Landtag beschwerte sich: Der arme Rebmann werde mit zwei Ruten geschlagen, da die Herrschaft gar nicht einmal die Keltern herstellen lasse, sondern dazu nur die Gemeinden veranlasse. Die Regierung wies dagegen auf die Vorteile der vortrefflichen neuen Trotten hin. Das Ungelt wurde verdoppelt, der Landzoll um ein Drittel erhöht. Philipp erläuterte: Man sei schon lange bei den Reichstagen darum vorstellig geworden — denn eigenmächtige Zollerhöhungen konnten sich wohl Kurfürsten und große Herren wie Maximilian von Bayern, aber nicht jeder kleine Landesfürst erlauben —, nur hatte er eben die nie erfolgte Bewilligung kühn antizipiert. Hier jammerte der Landtag: „Daheim sei wohl die Vermehrung des Ungelts herrlich und gut anzusehen, und niemand sollte ihm widerstreben; jedoch die Fremden zu Roß und Fuß und Wagen, die sich zuvor durch die Markgrafschaft wegen guter Traktation und leidenlicher Zehrung zu kommen gefreut, beklagten sich über die Steigerung mit lästerlichen Schwüren: es könne kein ehrlicher Mann mehr um sein ziemlich Geld genug trinken und zehren. Die Wirte jenseits des Rheines aber wiesen auf die teuern badischen Preise höhnisch hin, und auch sie selber fürchteten, daß Baden tamquam abominabile malum von allen Fremden werde gemieden werden." Namentlich Rastatt beklagte den Verlust seines ganzen Weinhandels. Man könnte die Liste leicht vermehren; aber sie lehrt genügend den Zustand des Landes kennen.

Man kennt Fürsten dieser Art zur Genüge aus dem 18. Jahrhundert; es verlohnte wohl, einen Mann dieser Art im ausgehenden 16. Jahrhundert ins Auge zu fassen. Er starb plötzlich, noch nicht 30 Jahre alt, im Juni 1588, noch ehe er seine Vermählung mit Sibylle, der Schwester des letzten Herzogs von Jülich-Cleve, vollzogen hatte. Sie hätte ihm neue Mittel, größere Aussichten eröffnet; das Glück, auf das er baute, trog ihn. Aber er muß doch einen eigenen Reiz auf die Geister ausgeübt haben: Der Mann, der in allem sein Gegensatz war, und der die Markgrafschaft nach Verdrängung der baden-badischen Linie zu behalten trachtete, Georg Friedrich, hat ihm eine überschwänglich lobende Grabschrift setzen lassen, in der er den Verdacht der Schmeichelei weit ablehnt. — Ihm kann man das schon einmal glauben.

Die Markgrafschafft aber kam nicht mehr aus der Zerrüttung heraus. Philipps Tod gab im ganzen Land das Signal, die Steuern zu verweigern. Jede Stadt und jedes Amt hat andre Wendungen, aber alle kommen darauf hinaus, was Ettlingen schrieb: „In 7 Jahren sei kaum einmal Rechnung gelegt; sie müßten erst wissen, wie es mit der Untertanen sauer erspartem Schweiß und Blut zugegangen, ehe sie weiter zahlten.“ Die Räte in ihrer Verzweiflung beriefen einen Landtag aus eigener Machtvollkommenheit. Seit vier Jahren hatte Philipp keinen gehalten, sondern nur einmal die Beschwerden einsammeln lassen, um sie nicht zu beachten. Sie vergaßen nicht, den Amtleuten zu empfehlen, darauf zu sehen, daß ruhige Leute, je vier aus jedem Amt, zwei vom Gericht, zwei von der Gemeinde gewählt würden, nicht Rädelsführer. Sie bekamen wenig mehr zu hören als Vorwürfe und die lange aufgesammelten Beschwerden. Bald mußten sie erfahren, daß die Stände von sich aus geheime Verhandlungen pflögen, einen gemeinsamen Anwalt bestellten, einen Dr. Greiß in Straßburg, und daran dachten, dem neuen Landesherrn, der unter den Erben noch nicht genau bestimmt war, ihre Bedingungen vor Antritt der Regierung zu machen. Nur wenige vorsichtige Leute waren der Meinung: „Neue Herren seien ohnehin geneigt, ihre Untertanen zu hören; sie würden sich nur in Ungnade begeben, und es sei zu fürchten, daß sie im Streben nach allzuviel Freiheit sich nur ein schwereres Joch auferlegten". Es waren die, welche noch Erinnerungen an den Bauernkrieg und seine Folgen festhielten, auf den man auch ausdrücklich verwies.

Bald sollte man den neuen Herrn kennen lernen, nachdem er sich endlich über die Erbfolge mit seinen Brüdern geeinigt. Eduard Fortunatus, aus der luxemburgischen Linie des Hauses, war recht eigentlich ein Abenteurer, groß geworden in den wirren schwedischen und polnischen Zuständen, ein unsteter Parteigänger, gelegentlich auch ein Finanzspekulant; die Maßstäbe von dem, was erlaubt, ebenso wie von dem, was möglich sei, waren ihm abhanden gekommen. Er ging durch das Leben als ein Glücksritter, und selbst wo er einer edleren Neigung folgte, wie bei seiner romantischen Ehe, verführte sie ihn zu unüberlegten Schritten und zu unwürdigem Gaukelspiel. Er nahm die Erbschaft Philipps an wie ein anderes Abenteuer auch, ohne daß er gesonnen war, zugleich mit ihr die mindeste Verantwortlichkeit zu übernehmen.

Einen unruhigeren Landtag als den von 1589 hat die Markgrafschaft nicht gesehen. Nicht mit beruhigenden und ermunternden Worten, mit denen doch sonst jeder neue Fürst, zumal ein von der Fremde kommender, einen guten Eindruck zu machen sucht, sondern mit einer turbulenten Proposition voll Klagen und Drohungen eröffnete ihn der Markgraf: Als er zuerst von dieser Schuldenlast gehört, habe er es für einen Vorwand andrer Leute gehalten, ihn vom Antritt einer solchen Erbschaft abzuhalten, aber die Wirklichkeit habe alle seine Befürchtungen übertroffen. Philipp habe gar kein Recht gehabt, solche Schulden zu machen ohne Bewilligung der Agnaten, und e r habe keine Verpflichtung, für sie einzutreten, wohl aber die Landstände, die sich leichtsinnig, ja pflichtwidrig in Bürgschaft begeben hätten. Aus Mitleid und Erbarmen wolle er einen Teil übernehmen, also mit seinem Land und seinen armen Leuten entweder zu genesen und zu leben, oder zu sterben und zu verderben, aber sie müßten das Beste tun. Das war die Einleitung zu der Forderung, daß sie 600000 fl. übernehmen sollten, der einzige Weg für die Landschaft, „die sonst aus diesem Sumpf nicht auswaten, sondern in Grund sinken und mit Weib und Kind von Haus, Hof und Land auslaufen müßte". Das Bild schöner Eintracht und geordneter

Finanzen unter tätiger Beteiligung der Stände, wie es die andre Hälfte der Markgrafschaft, Baden-Durlach, zeige, wird als Muster vorgeführt —; es sollte bald verführerischer werden, als sich Eduard Fortunat hier vorstellt. Ein ewiger Schandfleck würde es für sie sein, wenn sie ihren unschuldigen Fürsten von ungestümen Gläubigern seines Einkommens berauben lassen.

Nichts aber wollten die Stände bewilligen, ehe alle Beschwerden abgestellt seien. Immer heftiger wurden die Debatten, bis der Markgraf erklärte, er ziehe jedes Versprechen zurück, überlasse das Weitere Gott und der Reichsexekution, werde aber auch keinen Finger rühren, um sie davon zu erretten. Man kam schließlich auf eine neue, erhöhte Steuer überein. Die Stadt Baden aber, immer gereizt über die Verletzung ihrer Privilegien, trat wieder zurück. Man hatte sich nur zu rasch überzeugt, daß jede Gewähr der richtigen Verwendung fehle. Ohne den Regierungs- und Gesetzgebungseifer Philipps überbot ihn Eduard in Leichtsinn. Wir brauchen hier nicht die einzelnen, ergebnislosen Landtage und ihre heftigen Verhandlungen zu verfolgen, nicht die Maßregeln, mit denen der Markgraf sich noch ein paar Jahre dem unausbleiblichen Bankerott entzog. Er suchte bei seinen Verwandten, Ernst Friedrich von Baden-Durlach und Herzog Wilhelm von Bayern, Rückhalt. Um Schlimmerem zuvorzukommen, ließen sich die beiden mehreremals ihrerseits die Vollmacht zur Reichsexekution erteilen — um sie nicht zu verwenden. So rasch und oft wie möglich verschwand Eduard aus der Markgrafschaft, namentlich nach jedem Landtag, bald hier, bald da suchte er sein Vergnügen, am liebsten als Parteigänger, später auch als Söldnerführer am Brüsseler Hofe. In der Zwischenzeit überließ er dann dem Durlacher die Regierung und die vergeblichen Unterhandlungen mit den Ständen.

Auf einer dieser Reisen ging er, dessen Hoffnung allenfalls noch auf einer reichen Heirat wie die Philipps gestanden hätte, die Liebesehe mit einer niederländischen Dame, Maria von Eicken, ein, die er in seiner zerfahrenen Weise zu verheimlichen, abzuleugnen, dann als gültig und ebenbürtig durchzusetzen suchte.

Erst jetzt änderte sich Ernst Friedrichs Verhalten. Er hatte, als nun doch die Reichskammergerichtsexekution drohte, von dem längst erteilten kaiserlichen Mandat, welches ihm einen festen Rechtsboden gab, Gebrauch gemacht, und nicht mehr im Auftrag seines

Vetters, sondern im Sequester, zum Zweck der Schuldenregulierung, die Verwaltung übernommen. Von jetzt ab aber ging seine ganze Absicht dahin, durch Anfechtung der Ebenbürtigkeit der Kinder Eduard Fortunatus, die Markgrafschaft wieder zusammenzubringen.

Die bitterste Feindschaft mit jenem war unausbleiblich. Mit einem Hilfsmittel, das in jenen Tagen in Ost- wie Westeuropa nur zu gebräuchlich war, durch Anstiftung eines Attentates, suchte Eduard Fortunat sich zu rächen. Er fand einige Helfer in seinem Lande; aber im ganzen atmete die geängstigte und gedrückte Bevölkerung auf. Schon auf einem Landtag von 1593 wurde eine sehr verständige Schuldenabteilung, ein Verzinsungs- und Tilgungsplan vorgelegt und gebilligt. Von den mehr als 900,000 fl. Schulden brauchte die Landschaft schließlich doch nur 400,000 fl., samt den versessenen Zinsen, auf sich zu nehmen, die nach ihrer Leistungsfähigkeit auf die einzelnen Ämter umgelegt wurden. Die Mittel zu Verzinsung und Tilgung wurden leicht genug, ohne Erhöhung der direkten Steuern, durch eine Steigerung des Maßpfennigs, der Getränkesteuer und durch eine Gebühr 1 Kreuzer vom Gulden, auf Getreide, das ins Ausland verkauft wurde, beschafft. Ernst Friedrich konnte betonen, daß er dafür alle neuen Auflagen Philipps II. nachgelassen habe. Schon im nächsten Jahr konnte er dem Landtag mitteilen, daß er zu einem endgültigen Austrag mit allen Gläubigern gelangt sei. Sie hatten sich mit einem normalen Zinsfuß begnügt, froh genug, so aus dem üblen Handel herauszukommen.

Aber nicht um diese Regelung der inneren Verhältnisse handelte es sich jetzt noch in erster Linie. Die Frage, wer der Herr der mittleren Markgrafschaft sein solle, wurde zu einer jener immer verschobenen, durch die Parteigruppierung im Reiche immer schwieriger zu lösenden, die diese Jahrzehnte des Wartens, Zauderns, der end- und ergebnislosen Verhandlungen vor dem Dreißigjährigen Krieg ausfüllen. Eduard Fortunat selber ging in seinem wilden Abenteurerleben unter; seine Rechte vererbten sich auf seinen Sohn Wilhelm, eine ganz anders geartete, stille Natur. Aber hinter diesem standen die Bayernherzöge, stand das katholische Interesse. Denn wenn auch die Durlacher Markgrafen an dem Religionszustand, den sie vorfanden, nichts ausdrücklich änderten, auch dies zu tun nicht wohl hätten wagen können, so hatte doch bisher die Gegenreformation in Baden-Baden zu wenig feste Wurzel geschlagen, als daß nicht die Freistellung des Bekenntnisses den Einfluß der immer eifriger protestantisch werdenden Nachbarbevölkerung von Baden-Durlach hätte vermehren müssen.

So wurden die Markgrafen auf die Seite des entschiedensten protestantischen Interesses gedrängt. Ihre eigene Neigung kam dem entgegen. Sie erfüllten sich mit einer Überzeugung von einer Stärke und Unbiegsamkeit, wie sie in diesem Zeitalter schlaffer Naturen selten waren. Ihr gutes Recht auf die ganze Markgrafschaft gehörte mit zu diesen Überzeugungen. Sie wußten, daß sie früher oder später in die Lage kommen würden, dies zu verfechten. Sie brachten diesem Ziele und dieser Vorbereitung der Zukunft das Opfer, selbst territorialer Einbuße, vor allem schwerer Lasten, die auf die Steuerkraft der Untertanen gelegt wurden. Allein sie hatten diese selber unbedingt zuverlässig hinter sich. Die Verhandlungen aller weiteren Landtage bezeugen es. So trieben sie der großen Katastrophe des Dreißigjährigen Krieges entgegen, die alle ihre Bemühungen scheitern ließ.

Von diesen Durlacher Markgrafen selber sei hier nur weniges bemerkt, nachdem wir die Schicksale eines Kleinfürstentums jener Tage an der baden-badischen Landschaft verfolgt haben. Wir sahen schon: Keinen von ihnen trieb es nach außen. Baden-Durlach sah seine Fürsten als sorgliche Hausväter bei sich altern. Unter den Söhnen fehlte es wohl auch hier nicht an unruhigeren Köpfen. Wir haben einen Brief des Markgrafen Ernst an den Rat von Basel, in dem er ihn vor einem seiner Söhne warnt und sie auffordert, ihm nichts auf sein Vorgeben, daß er Rötteln-Sausenberg erben werde, zu borgen, in dem er aber zugleich die Nachsicht, die er gegen den Enterbten lange geübt, schildert — ein Bild der strengen Zucht, die in diesem Hause herrschte. Er hat ihn dann trotzdem zu Gnaden angenommen; jedoch starb dieser Sohn, der wohl mittlerweile gezähmt war, fast gleichzeitig mit dem Vater. Anschaulich hat der Pommer Sastrow Ernst geschildert an seinem ehrbaren Hofe, wo der alte Herr selber in Küche und Keller gelegentlich zum Rechten sah und mit humorvollem Gleichmut die Hofdiener beschämte, wenn sie wieder einmal sich auf der unausrottbaren Gewohnheit in der Küche zu stehlen, ertappen ließen (1527—1553).

In diesem stillen Dasein schienen selbst die weltbewegenden religiösen Gegensätze sich abzuschwächen. Ernst war entschlossen, ohne Reich und Konzil nichts in Religionssachen zu ändern, er gehörte zu jenen wohlmeinenden Landesfürsten, die auf diese Aussicht beständig hofften, und gab in diesem Sinne seine gutmütig, lehrhaften Instruktionen seinen Gesandten mit. Aber in diesen betonte er auch, daß die Vermengung der beiden Schwerter die Ursache alles Übels sei, und er nahm für sich das Recht der strengen Sittenaufsicht über die Geistlichkeit in Anspruch. Die Priesterehe aber duldete er; indem er nicht gerade sie selber, wohl aber die ihr entsprossenen Kinder legitimierte. Da allmählich wie überall die katholische Geistlichkeit auf eine immer unzureichendere Anzahl zusammenstarb, so ergab es sich von selber, daß immer mehr Pfründen eingezogen wurden, auch einmal ein Kloster, das in Nimburg in ein Spital verwandelt wurde; aber in Pforzheim blieben einstweilen die Klöster, das große Spital, von Christoph seiner Zeit neugeordnet, für die Stadt und die ganze Landschaft von hoher Wichtigkeit, wurde auch jetzt noch nicht aus dem Verband des heiligen Geistordens gelöst, obwohl er seinen Meister im Ausland, in Stefansfeld im Elsaß, hatte.

So kam der alte Herr zu einem Standpunkt der Toleranz, wie er dem späterer, ruhiger Zeiten ziemlich entsprach, damals aber nicht mit Unrecht, als ein Zeichen von Unentschlossenheit bespöttelt wurde. — „Er fiel bald ins Wasser, bald ins Feuer", hieß es in einer Satire —; denn auch die Toleranz haben in den heißen, geistigen Kämpfen jener Tage, die Menschen sich selber abringen und ihre Geltung erkämpfen müssen, damit sie wertvoll werde. Von seinem kleinen Ländchen aus, wo ihm die Toleranz des Gehenlassens Frieden und Zufriedenheit verbürgte, hat Ernst unmittelbar vor dem Ausbruch des Schmalkaldischen Krieges für den Reichstag von 1546 eine Instruktion gegeben, die ein Muster dafür ist, wie man sich seine eigene Meinung reservieren, die der Gegner entschuldigen und beide nebeneinander hergehen lassen kann — zugleich ein Zeichen des Wohlwollens und geringer Einsicht in die Weltlage. „Die geistlichen Diener", heißt es dort, „wären die, so das heilige Evangelium verkündeten, derselben Lehre nachfolgten und gebrauchten, darinnen dann die ewig-geistliche Religion gelehrt und gefunden werde (sc. die Protestanten). Die andern Diener der Kirchen, so auch geistlich genannt würden und sich solcher Lehre und Verkündigung nicht gebrauchten, sondern menschlicher, zergänglicher Religion anhingen, welche vor etlich viel Jahren von unsern Eltern dermaßen herkommen und gestiftet, auch für gerecht gehalten worden, wäre gut zu Erhaltung Friedens und Einigkeit und damit zeitlichen Gehorsams in ihrer menschlichen Religion bleiben zu lassen, und daß der eine mit dem anderen Geduld und Mitleiden habe." Und wenn nach dem Sieg Karls V. auch Ernst für geraten fand, die Beobachtung der Fasttage wieder einzuschärfen, gab er dem Mandat eine Wendung, daß dies zur Erniedrigung der hohen Fleischpreise sehr willkommen sein werde.

Die Zeit hätte es weiterhin nicht erlaubt, eine so zurückhaltende Stellung einzunehmen. Die Gegensätze traten schärfer auseinander. Wie Baden-Baden unter Philipp II. sich entschieden der Gegenreformation zuwandte, so Durlach schon unter Karl II. (1553 bis 1577) der Reformation.

Erst nachdem der Augsburger Religionsfriede ihm größere Sicherheit hierfür gewährte, ging Karl vor. Er berief sich darauf, daß er nur seines Vaters Absichten ausführe, wohl mehr geflissentlich als mit vollem Rechte, er entschuldigte sein eigenes Zaudern. Schon gleich nachdem der Passauer Vertrag den tatsächlichen Sieg der Protestanten kundgegeben hatte, hatte der eifrig evangelische Nachbar Herzog Christoph von Württemberg in ihn gedrungen. Der Einfluß Württembergs in der Reformation der untern Markgrafschaft ist denn auch bis in jede Einzelheit erkennbar. Im Oberland dagegen schloß man sich ebenso an die große, protestantische Nachbarstadt Basel an, deren Geistliche hier mit außerordentlicher Schnelligkeit und Sicherheit die Umwandlung durchführten. Doch arbeiteten hier einmal diese verschiedenen Geistlichen in gleichem Sinne — in der Geschichte der Reformation ein seltner Fall. Im Vergleich zu der Starrheit sächsischer Theologen konnte das Werk der Kirchenordnung, das diese Württemberger herstellten, weitherzig genannt werden; mit Klugheit hatte man in der Kommission, die es herstellte, jene Sachsen, nachdem man sie doch auch herbeigezogen hatte, unauffällig zurückgedrängt.

Der Katholizismus aber wurde jetzt auf Grund des fürstlichen jus reformandi völlig verdrängt. Eine Visitation, gleichmäßig durchgeführt, beseitigte ihn, wo er sich noch vorfand, in den Pfarreien; die Synoden, die den alten Ruralkapiteln ohne Unterbrechung nachfolgten und eine Art von Rügegerichten der

Geistlichkeit untereinander darstellten, tilgten dann noch die letzten Spuren katholischen Ritus, die hie und da aus alter Gewohnheit beibehalten waren. Die Spitäler wurden aus ihrer geistlichen Verbindung gelöst; Karl versäumte nicht, sie auch mit einer Pensionsanstalt für die Hofangestellten zu verbinden. Die Mönche der Klöster hatten sich wohl schon alle verlaufen; wie überall, so hielten auch hier die Nonnen fester am Gelübde und der gemeinsamen Lebensweise. Die alte Familienstiftung Lichtenthal hatte Philibert geschont, das Dominikanerinnenkloster in Pforzheim wurde schließlich von Karl, nachdem er einige, begreiflicherweise vergebliche Bekehrungsversuche hatte anstellen lassen, ausgekauft; die Nonnen siedelten nach Österreich über, in das Gebäude wurde das Spital verlegt.

Die politische Stellung Badens wurde hiermit endgültig verschoben. Dies zeigte sich sofort, indem Österreich der Durchführung der Reformation im Oberland Schwierigkeiten bereitete und die Pfarren, deren Besetzung Breisgauer Prälaten zustand, nicht evangelisch werden lassen wollte, wogegen Karl II. die Zehntbezüge eben jener Berechtigten sperrte. Man kam damals noch zu einem Ausgleich, und jene Zehnten sind wirklich bis zum Ende des alten Reichs abgeführt worden, aber fortan mußte das protestantische Baden Anschluß suchen an andre protestantische Staaten, sei es die Pfalz, sei es Württemberg.

Unter Karl ist die Residenz von Pforzheim, das erst jetzt recht zur Gewerbestadt wurde, nach Durlach verlegt worden, der ersten jener künstlichen Fürstenstädte, die später in der Geschichte unsres Landes eine so große Rolle spielen und dem Bürgertum des rechtsrheinischen Landes erst zu seiner Bedeutung verhelfen sollten. Hier erhob sich das neue Fürstenschloß, nach dem zeitweise die Stadt selber benannt wurde, die Karlsburg, hier die Kanzleigebäude und hier die neue Bildungsstätte, die nach der Reformation die Markgrafschaft bedurfte, das Gymnasium. Zum Teil gaben die Kirchengüter die Mittel. Aber Karl, ein guter Haushalter, der um seine Bauten sich persönlich kümmerte — noch sind die Festsetzungen, die er für die Arbeitslöhne an ihnen traf, erhalten —, hat auch seine Landstände willig gefunden. Mit ihm setzen die bewilligten Steuern ein, aber sie hatten noch keine dauernde Beteiligung der Stände an der Verwaltung zur Folge.

Wiederum wurde geteilt; das Patrimonialprinzip, nachdem selbst Christoph ihm hatte nachgeben müssen, schien unausweichlich; nur während der Zeit der Vormundschaft der Minderjährigen unter den Söhnen blieb noch eine schon gelockerte, gemeinsame Verwaltung. Dann ging jeder der drei Erben seine eigenen Wege. Mächtig wurden sie und mit ihnen ihre Gebiete hineingezogen, in den Streit der drei Konfessionen, die jetzt unter der Decke des Religionsfriedens und mit seiner Benutzung erst recht um die Fürsten und die Territorien Deutschlands in Wettbewerb traten.

Der mittlere unter ihnen, Jakob, dem Hachberg zuteil geworden war, schloß sich dem Katholizismus an, nicht mehr jenem lässigen, duldsamen, wie ihn sein Großvater noch bewahrt hatte und in dem jetzt die Vorkämpfer der Gegenreformation gerade den unmittelbar zu beseitigenden Gegner sahen, sondern dem streitbaren, vordringenden, wie ihn die Gesellschaft Jesu nach Deutschland gebracht hatte, wie ihn in Baden-Baden bald darauf Philipp II. mit Erfolg einführte. Philipp wurde katholisch erzogen, Jakob hingegen wurde der erste Konvertit, und darum hat seine Bekehrung und ihre Umstände, haben die Männer, die an ihr mitwirkten, die Religionsgespräche und Streitschriften, die sie begleiteten, immer ein besondres Interesse geweckt. Nachdem jetzt die von Fr. v. Weech veröffentlichten Berichte nach Rom, die Briefe von dort vorliegen, bemerken wir, daß man die Bedeutung des winzigen Ländchens und seines Fürsten freilich überschätzte, aber ebenso, daß man — und dies mit Recht — in dem ersten Beispiel ein Muster und Probestück sah, die erste Etappe jenes großen Rückeroberungsfeldzuges, dessen Plan Ignatius Loyola skizziert hatte, und dessen Methode sich hier zuerst bewährte. Aber auch die ganze Leidenschaftlichkeit der Zeit zeigt sich und mit ihr die völlige Unfähigkeit auf beiden Seiten, bei den Gegnern etwas anderes als verbrecherische Bosheit zu sehen.

Der älteste Bruder Ernst Friedrich hingegen, ging mit gleicher Heftigkeit von dem Augenblick, in dem er die selbständige Regierung antrat, in die protestantische Politik ein, er näherte sich der entschiedenen Richtung, welche Kurpfalz eingeschlagen hatte. In den immer verworrener sich gestaltenden Händeln jener Tage hat er überall seine Hand mit im Spiele. Es beginnen unter ihm jene Rüstungen, die das kleine Land fast nötigen, sich an den

Kämpfen der Nachbarschaft zu beteiligen. An den Bündnissen, die die Protestanten jetzt wieder zu ihrer Sicherung und um ihren Einfluß geltend zu machen, abschließen, ist er hervorragend beteiligt. Immer mehr hatte er zu sichern, aber hartnäckig weicht er auch in der geringsten Sache nicht von dem protestantischen Standpunkt. Die Erinnerung, daß der Bruder sich von diesem abgewandt, soll womöglich getilgt werden. Er lief lieber die Gefahr der drohenden Reichsacht, als daß er dem Testament Jakobs gemäß die unmündigen Töchter zu katholischer Erziehung herausgegeben hätte.

In dieser Überzeugung macht er jedoch selber eine Wandlung durch: Die Vertretung der entschiedensten protestantischen Politik führt ihn auch der entschiedensten Richtung, der des Kalvinismus, zu. Unter der Vormundschaft war noch die Konkordienformel mit Strenge durchgeführt und im Oberland, wo die schweizerische Nachbarschaft sich geltend machte, eine Anzahl des Krypto-Kalvinismus verdächtiger Priester entlassen worden. Später hat Ernst Friedrich erklärt, schon damals seien ihm als Knaben die ersten Bedenken gekommen; jetzt wirkten viel stärker die fortwährenden Berührungen mit der Pfalz, mit den halbgeistlichen, kalvinistischen Diplomaten, die ihre Politik lenkten und von Heidelberg aus ihre Hände mit ins Spiel der großen, europäischen Politik mischten. Im Jahre 1599 erklärte er seinen Anschluß an das reformierte Bekenntnis und vertrat seinen Entschluß gegen den abmahnenden Württemberger.

Wie viele deutsche Fürsten haben damals nicht das gleiche getan; aber heftiger als ein Moriz von Hessen, als ein Johann Sigismund von Brandenburg suchte Ernst Friedrich auch sofort sein Glaubensbekenntnis in seinem Lande als herrschendes durchzusetzen. Eingehend hatte er es in einer Bekenntnisschrift, dem Stafforter Buch, darlegen lassen; aber nicht nur der Streit der Federn erhob sich darüber. Er erfuhr den hartnäckigsten Widerstand, als er mit der nun bereits üblich gewordenen Methode vorging, die unfügsamen Pfarrer abzusetzen und die seiner Konfession einzusetzen. An „vertriebenen Pfarrern" der kampflustigen und beweglichen Truppe, die überall hineilt, wo sie ihrer besonderen Richtung einen Gewinn und sich eine leidliche Lebenssicherung verschaffen kann, fehlt es damals beiden Konfessionen, zumal der reformierten, nicht. Man konnte ohne große Schwierigkeit die eine Gruppe mit der andern vertauschen, ebenso wie auf der katholischen Seite die Jesuiten, dem Wesen ihres Instituts gemäß, eine solche fliegende Truppe bilden. Aber im badischen Unterland hatte sich bereits eine scharf lutherische Bekenntnistreue unter dem Einflusse Württembergs, dessen Theologen jetzt die geistige Führung im Luthertum hatten, festgesetzt. Schon die kleine Residenz Durlach gab nur widerwillig nach; Pforzheim widerstrebte hartnäckig.

Diese Zwistigkeiten füllten die letzten fünf Jahre des Markgrafen aus. Auch er mußte nun erleben, daß seine Untertanen wie gegen Eduard Fortunat so gegen ihn einen Advokaten aufstellten. Es kam einige Male fast zu offnem Aufruhr; als Ernst Friedrich dann die unbotmäßige Stadt mit Waffengewalt zwingen wollte, machte auf dem Marsch ein Schlaganfall seinem Leben ein Ende, mit ihm auch dem Kalvinismus in der Markgrafschaft. Ernst Friedrich war Apoplektiker, seit zehn Jahren waren ihm die untern Gliedmaßen gelähmt, was die Überzeugung der Zeitgenossen freilich den sympathetischen Zauberkünsten, die sein böser Vetter Eduard Fortunat tatsächlich an einem Wachsbild anstellen ließ, zuschrieben, er hatte keine Kinder, er wußte, daß sein Bruder und Erbe Georg Friedrich ein ebenso eifriger Lutheraner war — er konnte nicht hoffen, daß sein Werk irgendwie Bestand haben könne. So aber sind die Menschen jener Tage: rücksichtslos dem Augenblick ganz hingegeben, wo sie innerhalb ihres Machtbereiches ihre Glaubensmeinung als „Gottes Gebot" durchsetzen wollen, so zerfahren, gewalttätig im Kleinen, unentschlossen im Großen, zänkisch in allem ihre Politik ist.

In diesen Fährlichkeiten hatte Ernst Friedrich, teils um sich gegen das nur halb befreundete Württemberg zu sichern, hauptsächlich um Baden-Baden festhalten zu können, erst Stadt und Amt Besigheim an Württemberg verkauft, dann die alten Besitzungen im Nagoldtale, Altensteig und Liebenzell, ungünstig vertauscht — beides für den Nachbarstaat, der unter den Territorien des Südwestens immer am geschicktesten die Abrundungspolitik verfolgt hatte, ein erwünschter Zusatz. Uns geben heute die mit peinlicher Genauigkeit berechneten Anschläge aller Amtseinkünfte einen erwünschten Einblick in die Verwaltungspraxis jener Tage. Sie belehren uns freilich, wie namenlos zersplittert von Ort zu Ort diese Einkünfte waren, aus wie winzigen Beträgen sie sich oft zusammensetzten, wie viele unter ihnen bestritten waren, während man nicht gesonnen war, um Haaresbreite von ihnen zu weichen.

Wie konnte man hoffen, aus dieser verworrenen Anhäufung von Einzelrechten doch ein leidlich geordnetes Ganze zu formen? Der Schreiberfleiß, der doch jetzt schon in allen Amtsstuben seinen Einzug gehalten hatte, und sich in diesem Labyrinth ganz wohl fühlte, weil er sich darin allein zurecht fand, wie er denn noch am Ende dieser Herrlichkeit, die erst mit dem des Reiches zusammenfiel, ihr wehmütig nachgeblickt hat, — er allein konnte nicht helfen. War es möglich, eine planmäßige Verwaltung und Gesetzgebung zu schaffen? Philipp II. hatte es in Baden-Baden versucht, aber der Erfolg war ausgeblieben. Jetzt unternahm es für Baden-Durlach, tatsächlich aber für die ganze Markgrafschaft, Georg Friedrich.

Er steht am Ende dieser Epoche wie Christoph am Anfang. Aber wie anders sind die Zeiten und deshalb auch die Menschen! Das fällt um so mehr auf, als die verwandte Anlage, die Familienähnlichkeit, sich gerade bei diesen beiden nicht verkennen läßt. Jene heitere Sicherheit, der optimistische Sinn des alten Markgrafen sind bei dem Urenkel verschwunden. Alles ist in ihm strenges Pflichtgefühl, unablässige Selbstprüfung, Überzeugung von der Sündhaftigkeit der Menschen, von der strafenden Hand Gottes. Als junger Mann schon hatte er seine Röttler Landessynode mit einer langen Ansprache, die völlig einer Predigt glich, eröffnet; ein Prediger vom Fürstenstuhl aus zu sein, ist zeitlebens seine Lebensaufgabe, ist auch das Mittel, mit dem er seine Untertanen überzeugt und sie zu Leistungen anspornt, wie sie keiner seiner Vorfahren und Nachfolger gefordert und erhalten hat. Wenn man zweifeln könnte, daß das Wesen des Protestantismus jener Zeit innerliche Askese gewesen, Georg Friedrichs Gestalt könnte zum Beweise dienen. An sich selbst arbeitet dieser Mann unablässig. Er hat seinen schwächlichen Körper, da er nun einmal überzeugt ist, daß er ein Kriegsfürst werden müsse, zu den größten Anstrengungen gestählt. Er wird auch mit der Überlegung über sich selbst nie fertig. Achtundfünfzigmal hat er die Bibel ganz durchgelesen, so hat er in sein Handexemplar eingetragen, als er das neunundfünfzigstemal bis zum Psalter gekommen war, — dieser methodische Mann hätte nicht in Gottes Wort vorwärts und rückwärts geblättert.

So faßt er alles an, gründlich, theoretisch, etwas pedantisch. Das beste Zeugnis dafür sind jene wohlgeordneten Auszüge und Ausarbeitungen über alle Gegenstände des Kriegswesens, die er zu eigener Belehrung, aber auch zu Nutz und Frommen der Nachkommen, denen er das gleiche Studium empfiehlt, angelegt hat. Sie sind eine der wichtigsten Quellen für die Kenntnis militärischer Dinge in einer Zeit entscheidender Umwandlungen geworden; ihm selber aber haben sie wenig genützt. Er hätte es wohl für gewissenlos gehalten, anders als so gut vorbereitet zu Felde zu ziehen; er hatte zwar auch im Kriege gelernt, aber als Feldherrn fehlte ihm im entscheidenden Augenblick der Überblick, der Instinkt für den rechten Moment, der den Soldaten macht; er hat sich nichts als Niederlagen geholt. Aber auch im Felde hat er zähe festgehalten, solange er es vermochte und immer wieder die Niederlage zu überwinden gesucht. So ist er auch als Verwalter seines Fürstentums, das jetzt, nachdem fast alle Landesteile, die Christoph besessen hatte, wieder beigebracht waren, doch zu den stattlicheren in Deutschland gehörte. Eine ganz neue Verteilung der Geschäfte wurde durchgeführt, wie sie dann geblieben ist, bis zu der Verwaltungsordnung des Großherzogtums. Eine Zentralbehörde, der Geheimerat, dem der Markgraf regelmäßig präsidierte — er hat das gleiche im Testament seinen Nachfolgern vorgeschrieben —, ein Hofgericht, das er wenigstens in der ersten Zeit oft besuchte. Auch die Anfänge der Zusammenfassung der wirtschaftlichen Verwaltung sind bereits zu bemerken. Dem Kirchenrat endlich gab er erst eine feste Organisation.

Es hat doch wieder bis auf Karl Friedrich gewährt, daß ein Fürst gleich planmäßig Verordnungen erließ, die einen Teil der Verwaltung nach dem andern regelten. Er zauderte, obwohl die Landstände ihn drängten, mit der Zusammenfassung und mit dem Erlaß des lange geprüften Landrechts, das die Rezeption des römischen Rechtes in diesen Landschaften vollendete. Er hat schließlich noch vor der endgültigen Veröffentlichung die Regierung niedergelegt, aber er hinterließ es gedruckt; und als der große Krieg beendet war, war dies das wichtigste Vermächtnis einer glücklicheren Zeit. Dieses große, methodische Gesetzgebungswerk, wohl das eingehendste, das ein deutscher Territorialstaat besessen, hat ausgereicht, wenn es auch zuletzt unter den Anforderungen einer neuen Zeit zerbröckelte, solange wie die alte Markgrafschaft Baden bestand. Auch hier freilich fehlt der freiere Sinn, der die Gesetze Christophs belebt; statt dessen walten Ordnung, Ängstlichkeit, Staatsbevormundung vor — wir werden es noch an einem Hauptthema, Städten und Gewerbe, sehen.

Doch fehlen dieser Regierung und diesem Manne auch nicht die freieren Züge. Bei so sorgsamer Beobachtung der wirklichen Bedürfnisse hätte es auch kaum anders sein können. Vor allem hat Georg Friedrich die landständische Verfassung, die bisher nur gelegentlich eingriff, zu einem Abschluß gebracht, von dem er wie seine Untertanen wohl annehmen konnten, daß er der endgültige sein werde. Man konnte nicht ahnen, daß nach dem Dreißigjährigen Kriege sich das alles erst nur mühsam am Leben erhalten, dann altersschwach entschlummern sollte.

Das württembergische Vorbild, das bei allen Ordnungen Georg Friedrichs stark mitgewirkt hat, ist hierbei nicht zu verkennen. Indem die Stände jetzt eine ganz regelmäßige Steuer- und Schuldenverwaltung einführen, erhalten sie auch deren ständige Verwaltung, eine Art Mitregierung in allen finanziellen Dingen, die sie bisher entbehrt hatten. Das brachte von selber mit sich, daß der Markgraf weit mehr Dinge mit ihnen verhandelte, mehr Einrichtungen mit ihrer Hilfe ins Werk setzte, als sonst geschehen war. Und wir sehen in diesen Verhandlungen auf beiden Seiten den redlichen Wunsch, gemeinsam etwas zu leisten. Freilich bringt es auch jetzt die zerstreute Lage der Landschaften mit sich, daß jede einzelne ihren Ausschuß hat und die gemeinsamen Ausschußtage in Durlach nur bei den wichtigeren Anlässen zusammentreten. Das ist schließlich ihr Verhängnis, ihr großer Nachteil, gegenüber den Württembergischen Ständen gewesen; aber damals spürte man nichts von Ortseifersucht. Sie konnte nicht aufkommen; denn das hatte Georg Friedrichs eindringliches Ermahnen erreicht: alle waren sich der Gefährlichkeit der Lage bewußt. Sie wurde ihnen oft genug von dem Fürsten selber vorgehalten; denn er wußte, daß er bei seiner gewagten Politik das ganze Volk hinter sich haben müsse. Er und alle Ausschüsse, auch der Baden-Badener, waren fest entschlossen, daß das Land zusammenbleiben müsse; so hat er auch in seinem Testament die Unteilbarkeit der Markgrafschaft nach so viel bittern Erfahrungen, seinen Nachfolgern zur Pflicht gemacht; nur die Außenposten, Sponheim und Grevenstein, dürfen zu Sekundogenituren benützt werden.

Seine ganze Regierung von 1604—1618 ist mit dieser Sorge erfüllt, die mittlere Markgrafschaft zu behalten, die Ansprüche der Kinder Eduard Fortunats zurückzuweisen. Dessen Bruder, der allerdings gleich jenem selbst ein waghalsiger Abenteurer war, hat er auf der Feste Hachberg in dauernder Gefangenschaft gehalten. Es ist überflüssig zu vermuten, ob er mit etwas mehr Nachgiebigkeit den dauernden Gewinn Baden-Badens unter Verzicht auf die Außengebiete hätte erlangen können. Die Bedingungen hierfür lagen, zumal da er im Besitz war, was im alten Reichsrecht immer viel bedeutete, nicht ungünstig. Er aber verband seine Sache unbedingt mit der des gesamten deutschen Protestantismus. Das ist seine bedeutsame Stellung und wurde sein Verhängnis. Unermüdlich war er, die Union der evangelischen Fürsten zusammenzubringen zu helfen; er hat an ihr, als der letzte festgehalten und sich ihr geopfert. Aber er hat auch seine Angelegenheit der Union als einen Hauptpunkt ihrer Forderungen zugeschoben.

Daß der große Krieg, der seit 20 Jahren jährlich auszubrechen drohte und immer wieder durch eine Politik, die von Jahr zu Jahr verworrener wurde, hintangehalten wurde, dennoch kommen müsse, hat er klar erkannt. Er rüstete unablässig; im Jahre 1617 konnte er 15000 Mann, ein stattliches Heer für jene Zeit und für einen Territorialstaat wie die Markgrafschaft ein unerhörtes, mustern. Zu solchen Aufwendungen setzten ihn freilich nur Subsidien in Stand. Sein Land hatte er mit Festungen überall vermeintlich gesichert — keine hat den Kriegsstürmen Stand gehalten. Geschütze wurden in den Eisenwerken zu Kandern, die den Geschützmeistern untergeben waren, gegossen. Selbst die adligen Lehensleute vergaß er nie zu ermahnen, ihrer Dienstpflicht im Fall des Krieges zu genügen.

Der Eifer der Untertanen, ihm hierzu beizusteuern, spricht sich in fast überschwenglichen Beteuerungen aus: „Sie würden ihrem Herren zu Hilfe kommen mit Ehr und Gut, mit Leib und

Blut"; er wurde sicherlich sehr wesentlich gefördert, durch die günstige Lage der Volkswirtschaft. Alle Preise stiegen damals außerordentlich. Wohl richtete die große Geldkrise der Kipper- und Wipperzeit auch hier ihre Verheerungen an; doch wurde sie weniger empfunden, da der Markgraf und die Landstände gemeinsam eine Wechselbank angelegt hatten. Fortwährend dachte man daran, ihren Tätigkeitskreis noch zu erweitern. Ist sie auch bald dem alles verwüstenden Kriege zum Opfer gefallen, so bildet sie doch eines der interessanteren Kapitel in der Geschichte der Anfänge eines staatlichen Bankwesens. Sie verwaltete die Waisengelder, suchte, einmal im Besitz dieses großen Fonds, überhaupt zur Depositenbank zu werden und dadurch eine womöglich allgemeine Konversion der Grundschulden in der Markgrafschaft vorzunehmen. Daß sie dabei die Einlagen zu 5% verzinste und zu 8% im Personalkredit auslieh, läßt sie freilich etwas sehr modern erscheinen. Den mittelalterlichen Abscheu vor dem Wucher hatte man hier bereits gründlich überwunden. Zugleich aber wollte sie auch Wein- und Kornhandel unter gänzlicher Ausschaltung der jüdischen Händler organisieren, wie der Wollhandel schon organisiert war.

Auch an eine große soziale Reform konnte man denken, eine allgemeine Frondablösung, ein sicheres Zeichen dafür, daß dem Bauer seine Zeit kostbar wurde. Nur wenige Räte hatten noch Bedenken. Ja die Ablösung der Bodenzinse und der Erblehen wurde erwogen mit Gründen, die erst anderthalb Jahrhunderte später wieder auftauchen: der Untertan verliefe sich oft wegen ein paar Pfennigen seine Zeit, eine günstige Anlage der Kapitalien würde die Schätzung der Landschaft heben, und die Privaten würden ihre entlasteten Güter besser bauen. Es ist kaum ein Punkt der Landwirtschaft, der damals nicht erwogen worden ist. Auch die Forstordnung Georg Friedrichs gibt an Sorgfalt der Philipps II. nichts nach und war jedenfalls einer besseren Ausführung sicher. — Es waren in einer bangen Zeit trüber Erwartungen Sonnenblicke, ehe sich die verderbenbringenden Gewitterwolken völlig zusammenzogen.

Blicken wir noch einmal auf Georg Friedrich selber zurück. Es mangelte ihm nicht an wissenschaftlicher und literarischer Bildung, die er sich in seiner Jugend auf Reisen in Frankreich und Italien erworben hatte; auch als Flüchtling führte er eine erlesene Bibliothek meist historischer Werke mit sich. So erhielten auch seine Töchter eine Bildung, die sie dann in der unfreiwilligen Muße der Flüchtlingszeit sogar zu literarischer Tätigkeit befähigte. Für die Hebung der Schulen zeigte er von früh an Interesse. Als sein Bruder Ernst Friedrich Calvinist wurde, errichtete er alsbald ein eigenes Gymnasium in seiner kleinen Residenz Sulzburg. Doch das Hauptinteresse blieb immer das theologische, das die Zeit erfüllt, in dessen Dienst er sich stellte. Auch mußte damals ein Fürst gewandt darin sein trotz jedem Kontroversisten. Bei aller politischen Freundschaft zu den Reformierten, die er als Mahner gegen übereifrige Lutheraner betätigte, hielt er bei seiner Geistlichkeit durch sein Konsistorium auf unverfälschtes Luthertum. Er hatte die Geistlichen nötig, die opferfreudige Stimmung im Volke zu erhalten. Er gab ihnen offenbar auch viel nach. Ich finde, daß er nur einmal in den Landtagsverhandlungen empfindlich wurde; es war, als ihn die Stände ersuchten: er möge die Herren Geistlichen anweisen, sich nicht in politische Dinge zu mengen. Er erwiderte: er lehne dies ab, bis man den Vorwurf durch Einzelbeispiele begründet habe.

Es ist doch ein eigenartiges Schauspiel, dieses Zusammenstehen von Fürst und Volk in gefahrdrohender Zeit. Jedoch der kleine Staat hatte sich zu hoch vermessen. Kam es zum Kriege, so war hier alles auf den Sieg der Freunde berechnet. Als statt dessen die Niederlage kam, war Georg Friedrich entschlossen, seine Person und die von ihm gebildete Truppe einzusetzen für die schon fast verlorene Sache. Sein Land aber hoffte er vor der Katastrophe zu bewahren. Am 12. April 1622 verkündete er seine Abdankung: „Er tue diesen Schritt, um sein Land nicht in Gefahr zu bringen, nachdem er die Heerhaufen des Feindes in ihrem Quartier sogar von seiner Residenz aus gesehen. Nach verständiger Kriegsleute Urteil finde er nicht ratsam ihn im eigenen Land abzuwarten. Längst habe er die Absicht gehegt, die er nun ausführe." Er übergab alles seinem Sohn. Bald darauf wurde nach hartem Ringen sein Heer bei Wimpfen von Tilly zersprengt. Er hat weitergekämpft, bald im Elsaß, bald im Norden gegen die Truppen Wallensteins, immer mit gleichem Unglück. Dann wanderte er als Flüchtling umher, nur wenn die Schweden die Oberhand hatten, ist er zeitweise nach der Heimat zurückgekehrt.

Sein lutherisch-protestantischer Sinn aber war ungebrochen; er kämpfte in heftigen Protesten für seine Sache, und als er in der Zufluchtstätte aller Flüchtlinge, in Genf, weilte, wollte er selbst dort in der Stadt Kalvins seinen lutherischen Gottesdienst für sich durchsetzen, wie er ihn als Jüngling auf seinen Reisen gegen allen Einspruch in Besançon durchgesetzt hatte. Denn von seinem und seiner Sache Recht blieb er felsenfest überzeugt, und als er 1638 fünfundsechzigjährig in Straßburg starb, konnte sein Leichenredner, der in der pomphaften Kanzelberedtsamkeit des Zeitgeschmackes doch ein gutes Bild von ihm gezeichnet hat, ihm ins Grab alle die kräftigen Worte nachrufen, mit denen er sein Vertrauen auf den Sieg der gerechten Sache ausgedrückt hatte. Denn seltsam genug — diese bibelfesten Leute lasen sich aus der Schrift immer diese durch Nichts begründete Ansicht heraus.

Über sein Land aber flutete immer von neuem die Soldateska des großen Krieges, und als 10 Jahre nach dem Tode des Markgrafen der Frieden einkehrte, fand er in einem zertretenen Lande nur noch ein knappes Drittel von der Anzahl jener Bevölkerung, die vor 30 Jahren gelobt hatten zu ihrem Herrn zu stehen mit Ehr und Gut, mit Leib und Blut. — Es waren verwilderte und gedrückte Bettler!

II.

Städte und Gewerbe.*

Bis auf Markgraf Christoph war das städtische Leben in der Markgrafschaft sehr schwach entwickelt gewesen. In den oberländischen Besitzungen blieb dies auch weiterhin so. Emmendingen, in der Markgrafschaft Hochberg, Schopfheim, Sulzburg in Rötteln hatten nur den Namen von Städten, selbst als Marktflecken blieben

* Von einer gesonderten Darstellung der Verwaltung und der Verhältnisse der ländlichen Bevölkerung, soweit sie nicht in Kapitel I schon gegeben ist, sehe ich hier wegen mangelnden Raumes ab und gebe nur eine solche des Bürgertums und der Gewerbe. Sie beruht teilweise auf einer Revision und Ergänzung des ersten Bandes meiner Wirtschaftsgeschichte des Schwarzwaldes, sofern sie badische Verhältnisse behandelt.

sie bedeutungslos. Eifersüchtig wachte die österreichische Regierung darüber, daß hier keine eigentlichen Städte zum wirklichen oder vermeintlichen Nachteil der Breisgauischen aufkämen; noch viel später hat sie deshalb gegen die Erteilung von Stadtrecht an Lörrach Einspruch getan. Für Badenweiler hatte Kaiser Sigmund wenigstens Rechte eines offnen Marktfleckens erteilt; ein solches Privileg sicherte wohl den Markt und seinen Besuch durch fremde Händler, aber es verlieh den Einwohnern keine neuen Befugnisse; es konnte nicht als Anknüpfung für die Entwicklung einer Bürgerschaft mit eigener Verwaltung dienen.

Anders lagen die Verhältnisse im Unterland. Hier gab es von alter Zeit her eine Reihe von Städten; aber auch hier hatte nur eine von ihnen, der alte Hauptort der Markgrafschaft, Pforzheim, wirkliche Bedeutung gewinnen können. Der kleinste dieser Orte, Steinbach, besaß seine Stadtfreiheit am gesichertsten vermöge einer Kaiserurkunde, wenn sie auch nur von einem Richard von Cornwall ausgestellt war; aber nur ein kleiner, quadratischer, ummauerter Bezirk war hier als Stadtweichbild inmitten des umgebenden Dorfes ausgesondert; die Bürgerrechte waren an Grundbesitz und Wohnung in diesem geknüpft, und das Städtchen war nicht ausgeschieden aus der großen Markgenossenschaft, deren Haupt es war. Nicht einmal für den Handel mit dem Wein, der doch vor allem in diesem Landstrich gebaut wird, gewann es maßgebende Bedeutung.

Die andren Städte hatten nur wenig gesicherte Stellung. Sie genossen freilich jene Rechte, die von dem Begriff einer Stadt jetzt seit langem unzertrennlich waren, auch ohne daß sie noch besonders verbrieft gewesen wären. Dazu gehört das Marktrecht als selbstverständlich, aber auch der Rat unter einem Bürgermeister und ein eigenes Gericht; aber wieweit das Gericht gesondert war von den andern Gerichten des Herrn, welche Sicherheit der Bürger vor ihm genoß, auf welche Personen sich seine Befugnis erstreckte, war nirgends genau bestimmt. Vollends war nichts ausgemacht über die Leibesfreiheit der Bürger. Die älteren und größeren Städte hatten ziemlich früh mit dem anfangs auch bei ihnen geltenden und für sie vorteilhaften Grundsatz gebrochen, daß für den Besitz des Bürgerrechts der Personenstand gleichgültig sei; sie hatten die Forderung aufgestellt, daß mit der Stadtfreiheit keine Leibeigenschaft vereinbar sei; sie verlangten, daß jeder, der in die Stadt ziehe, den Nachweis erbringe, daß er sich aller Verpflichtungen gegen seinen Herrn entledigt habe; „kein Rauchhuhn — es war das die gewöhnliche Abgabe der Leibeigenen — darf über die Mauer fliegen", sagte man wohl. Aber die kleinen Städte der Markgrafschaft hatten an dieser Entwicklung keinen Teil genommen. Zwar lagen nicht eigentliche Fronhöfe in ihnen, man müßte denn die Hofhaltungen der Fürsten selber als solche bezeichnen — auch waren sie getrennt von den Dörfern in ihrer Nachbarschaft, wo solche Fronhöfe lagen und die Bauern saßen. Die Stadt Pforzheim, regelmäßig in kleinen Quadraten um den großen Marktplatz im 12. Jahrhundert angelegt und für Kaufleute und Gewerbetreibende bestimmt, gliederte sich erst jetzt in der Mitte des 15. Jahrhunderts das alte Dorf, dessen Namen es einst angenommen hatte und in dem noch immer die alte Pfarrkirche lag, an. Aber auch ohne daß in diese Städte ein starkes landwirtschaftliches Element eingedrungen wäre, war doch eine große Anzahl von Bürgern und Hintersassen leibeigen. Noch 1583, als Markgraf Philipp II. seinen Untertanen gebot, sich fremder Leibeigenschaft zu entledigen, stellte sich in Ettlingen, der zweiten aber nicht gefreiten Stadt der oberen Markgrafschaft heraus, daß die Mehrzahl der Bürger leibeigen sei, ihre früheren Rechte hatten sie zur Strafe für den Bauernkrieg verloren. Das Recht der Freizügigkeit stand nicht den Bürgern als solchen zu; und die Markgrafen dachten einstweilen gar nicht, hierin etwas zu ändern: mit der Stadt Speyer bestand ein eigner Vertrag, daß sie Pforzheimer Leibeigene bei sich nicht als Bürger aufnehmen dürfe.

Das waren rückständige Verhältnisse und einsichtige Territorialfürsten wie Eberhard von Württemberg und vor allem Markgraf Christoph begriffen, daß sie, um die Städte in ihren Territorien aufzubringen und mit ihnen Handel und Gewerbe zu pflanzen, vor allem die bürgerliche Freiheit sichern und die Selbstverwaltung fördern müßten. Hatte doch namentlich Pforzheim gegen früher an Reichtum und Ansehen sogar eingebüßt: die alten Geschlechter, aus denen von Anfang der Stadt der Rat besetzt, der Schultheiß selber genommen war, waren weggezogen. Das erkannte Markgraf Christoph in seinem Freiheitsbriefe von 1486 selber an: Die erste Stadt seines Fürstentums sei Pforzheim; gegen alle seine

Vorfahren habe sie sich mit Hilfe getreu erzeigt und sich willig und wohl gehalten und dennoch sei sie nicht höher gefreit als andre, und seit langer Zeit mehr zum Abnehmen als zum Aufgang gerichtet gewesen.

Auch in dem entsprechenden Freiheitsbriefe für Baden von 1507 betonte er das gleiche, indem er jetzt diese Stadt um seiner Hofhaltung und um des natürlichen warmen Bades willen für die vorderste und vornehmste der Markgrafschaft erklärte. Nur durch erhöhte Freiheiten, bessere Polizei und Ordnungen würde auch die Stadt gebessert, ihre Einwohner an Ehren und Gut zunehmen und in anderen auswärtigen Orten die Begierde erweckt werden, in sie zu ziehen. Aber deshalb war dieser Vertreter der fürstlichen Landeshoheit und des gleichmäßigen Verwaltungsausbaus nicht gemeint, mehr Rechte als zu diesem Zweck nötig, aus der Hand zu geben. Kleinen Städten wie Durlach und Ettlingen blieben diese Freiheiten so wie so versagt; nicht um eine allgemeine Städteordnung also handelte es sich; und wirklich stellte sich später bei den ständischen Steuerbewilligungen öfters die Privilegierung Badens als ein Hindernis gleichmäßiger Finanzverwaltung heraus.

Das wichtigste war die erhöhte persönliche Sicherheit, die fortan die Bürger genossen. Zwar wurde die Leibeigenschaft nicht mit ausdrücklichen Worten aufgehoben, aber tatsächlich war es nichts andres, wenn jetzt jedem Bürger der freie Zug in und aus der Markgrafschaft mit Leib und Gut eingeräumt wurde. Nur die Beschränkung blieb, daß der Wegziehende sich mit seinen Gläubigern vertragen haben sollte und daß er für seine in den badischen Städten eingegangenen Verflichtungen und dort begangenen Verfehlungen allein vor dem Stadtgericht Recht geben und nehmen solle, während sonst außer für liegende Habe der Grundsatz galt und von den Städten eifersüchtig festgehalten wurde, daß der Kläger den Beklagten an seinem Wohnort belangen müsse. So war auch die völlige Freiheit der Verheiratung zugesichert, jede persönliche Abgabe und Dienstleistung aufgehoben. Mit diesen zugleich fielen überhaupt alle direkten Steuern, die bedeutendste, die Bede, mit eingeschlossen. Es war ihrer eine ganze Anzahl von alter Herkunft und diese gemeinsame Steuerverfassung zumal band die Stadt an das Land. Jetzt wurde nur für die Ausmärker, die in Baden Grundbesitz oder Rentenbezug, der diesem stets gleichgesetzt wurde, hatten, die Bede beibehalten und damit diese als Kompensation der neu eingeführten Konsumtionsabgaben gekennzeichnet; in Baden wurde außerdem von allen Gästen schon damals eine Kurtaxe erhoben, die die Wirte zu verrechnen hatten. Diese Freiheit von direkten Abgaben schloß freilich die alte, auch im Lehenrecht enthaltene Verpflichtung nicht aus, im Fall der Gefangenschaft des Fürsten, an einer Steuer zu seiner Lösung mitzutragen; war doch jedermann die drückende Gefangenschaft in Erinnerung, in die der Vater des Markgrafen Karl, nach der Niederlage von Seckenheim geraten war. Aber auch für Schuldenaufnahmen der Markgrafen wollte man nicht auf die Bürgschaft der Städte verzichten und ihnen nur die Schadlosbriefe richtig ausfertigen. Solche aber waren, wenn man doch einmal in Zukunft mit weniger genauen Haushaltern als Christoph zu rechnen hatte, nur eine üble Garantie. So war also für die Zukunft Anlaß genug für die Städte gegeben, sich nicht von Bewilligungen der Landstände auszuschließen.

Einstweilen aber beruhte das Steuerwesen in der Fortentwicklung des Ungelds, das sich einst schon Markgraf Bernhard für Pforzheim eigens von Kaiser Sigmund hatte bewilligen lassen. Jenes war nur auf den Wein, der in den Wirtshäusern ausgeschenkt wurde, gelegt gewesen. Jetzt führte Christoph eine gleichmäßige Besteuerung des gesamten Verbrauchs in den Haushaltungen ein, eine ausgebildete Akzise, die vorbildlich auch für andre Territorien wurde. Sie bestand aus einer nach den Getreidearten abgestuften Mehlakzise, die unter strenger Kontrolle der Müller erhoben wurde, einer Vieh- und Fleischakzise, die auch von den Hausschlachtungen entrichtet wurde, nur daß hier dem Bürger ein Existenzminimum von zwei Schweinen jährlich freigelassen wurde, einer Einlagergebühr vom Wein, die zu dem alten Ungeld der Wirte hinzutrat, endlich einem Salzmonopol, das zwar den Großhandel mit Salz nicht beschränken sollte, aber so streng durchgeführt wurde, daß solchen Händlern verboten blieb, auch nur ihren eigenen Bedarf aus ihrem Lager, anstatt aus dem städtischen zu decken. Die Verwaltung dieser Abgaben blieb der Herrschaft vorbehalten, obwohl Verordnete der Stadt zur Besetzung der Ämter und zur Verrechnung hinzugezogen wurden; denn von dem Ertrag erhielt die Stadt nur ein Viertel, dessen Verwendung für die Bauten und Befestigungen der Stadt festgelegt war. Jährlich mußten die städtischen Behörden vor den Räten und Amtsleuten des Markgrafen Rechnung ablegen und jedes eigene Besteuerungsrecht war ihnen abgesprochen.

Die alten Einkünfte aus Grundbesitz und Allmenden — für Baden, das die herrlichsten Wälder des Landes sein eigen nannte, kam ein städtischer Holzhandel hinzu — wurden lediglich bestätigt. Sie allein hätten nie für größere Ausgaben gereicht, da ja die Allmende auch in den Städten genugsam für die privatwirtschaftlichen Bedürfnisse der Bürger in Anspruch genommen wurde. So behielten die beiden Städte die vielen kleinen Gefälle, die in ihnen ziemlich verschiedenartig waren, in Pforzheim viel entwickelter als in Baden, wie es der reicheren wirtschaftlichen Tätigkeit dieser Stadt und damit auch der vielseitigeren Verwaltungstätigkeit ihres Rates entsprach. Immerhin war die Einräumung eines beträchtlichen Teiles an der Akzise eine bedeutende Erleichterung der städtischen Finanzen und wenn der Lebensunterhalt auch beträchtlich verteuert wurde, so suchte man der Bürgerschaft durch den schon der Kontrolle wegen nötigen, fast völligen Ausschluß des Wettbewerbes fremder Bäcker und Metzger einen Vorteil zu verschaffen. Man konnte auch erwarten, daß ein Teil der Akzise von den Bauern und auswärtigen Gästen getragen werden würde, namentlich in der Fremdenstadt Baden, wohin aus dem umliegenden Lande recht zahlreich die Badenfahrten gingen, die wenig später Thomas Murner als Anknüpfung seines besten satirischen Werkes benützte. Namentlich aber waren die Vorteile, die die Städte durch den Verzicht auf direkte Steuern vor der Bevölkerung des platten Landes genossen, sehr groß; auch ging Christoph mit Eifer daran, das Gewerbe den Landorten zu entziehen und in den Städten zu vereinigen. Hier wie in größeren Verhältnissen später im brandenburgisch-preußischen Staat ist das zugleich Voraussetzung und Folge der Trennung der Steuerverfassung gewesen, wobei die direkten Abgaben auf das Land, die indirekten auf die Städte gelegt wurden.

Die Freiheit der Selbstbestimmung der Städte war knapp bemessen, mußte doch für jede größere ungewohnte Ausgabe, zumal für jeden größeren Bau die Genehmigung der Herrschaft eingeholt werden. Und nicht reichlicher waren die politischen Befugnisse zugeteilt. In der Stadt Baden war die gesamte

Hofhaltung bis zum letzten Hofdiener überhaupt ebenso von der Jurisdiktion des Stadtgerichts wie von den Steuern, so lästig und schwer durchführbar diese Ungeldbefreiung auch war, ausgenommen; sie war wie ein Fremdkörper in der Bürgerschaft. Wohl wurde durch die Stadtrechtsverleihungen jetzt die Sicherheit des einzelnen Bürgers vor willkürlicher Verhaftung und Vermögensarrest ohne vorhergehenden richterlichen Befehl gewährt, und diese Befreiung allen anderen vorangestellt, aber das Gericht selber, wenn auch die Schöffenbank mit Ratmännern besetzt wurde und die Stadt einen kleinen Anteil an den Gerichtsgefällen erhielt, blieb dem Markgrafen vorbehalten. Er setzt allein den Schultheißen, nicht aus den Bürgern, sondern aus der Reihe seiner Beamten, ein, und neben diesem tritt der jährlich wechselnde Bürgermeister sehr zurück. Wenigstens war in Pforzheim bestimmt, daß er den Schultheißen vertritt, wenn dieser ein Geldinteresse am Ausfall des Urteils hat. Reibungen waren kaum zu vermeiden. Sogar die Bürgerannahme, die Prüfung der Tauglichkeit hierzu, die Sorge für die Sicherheit der Stadt, die Aufsicht über die Bewehrung der Bürger, die Bewahrung der Torschlüssel war dem Schultheißen vorbehalten — kaum ein Verwaltungsakt, der nicht seiner Kontrolle unterstellt war! Es war wohl nötig, daß in der besonderen Ordnung des Schultheißenamtes diesem eingeschärft wurde, daß er nicht wider der Stadt Freiheit, Ordnung und Gewohnheit handeln soll. Auch hat es weiterhin an Klagen über unbeliebte Schultheißen nicht gefehlt.

Wohl wurde nun auch der Rat zu vielen Geschäften herbeigezogen, die außerhalb seiner eigentlichen Befugnisse lagen, aber immer nur in beratender Weise. Weder im Kirchen-, noch im Schul-, noch im Armenwesen wurde ihm mehr eingeräumt. Wieviel ausgedehnter waren die Rechte der Selbstverwaltung, welche landesherrliche Städte, deren Verfassung um einige Jahrhunderte zurücklag, wie Freiburg, genossen. Aber so wie Christoph sie maß, entsprach es der neuen Zeit; ein Vorbild landesherrlicher Stadtverfassung mag man diese Urkunden nennen, und man kann sogar nicht zweifeln, daß jetzt die Bürgerschaften selber nicht mehr begehrten.

Denn die Sicherung der Person und ihrer wirtschaftlichen Unabhängigkeit überwiegt als Interesse schon das an der politischen

Macht und Stellung der Stadt. Diese Unabhängigkeit unterliegt freilich noch merklichen Einschränkungen: Wird den Bürgern wortreich zugesichert, daß sie mit ihrem liegenden und fahrenden Gut werben und handeln, es versetzen, verkaufen, verändern mögen, sich selbst damit versehen, damit verfahren, tun und lassen mögen wie es einem jeden zu jeder Zeit allergefälligst sein möge, so wird doch hinzugefügt, daß aller Verkauf und Verpfändung liegender Habe an Fremde nur mit besonderer Bewilligung der Obrigkeit stattfinden dürfe. Wird die Freiheit des Verkehrs mit Waren aus der Stadt und in sie gewährt, so muß diese Freiheit sich nicht nur mit den Bestimmungen über das Ungeld vertragen, sondern sie wird auch ganz allgemein an die Bedingung geknüpft: „es wäre denn, daß man seiner Ware in der Stadt bedürftig wäre". Indem den Bürgern wie den Städten im ganzen verboten war, ein Bündnis zu machen, sich zusammen zu verschreiben und zu verschwören ohne Wollen und Wissen der Herrschaft, war auch den Handwerkern das Einungsrecht entzogen. Beschränken nun aber diese Ausnahmen die Freiheit des Verkehrs und des Erwerbs, die so feierlich proklamiert war, oder sind sie nicht vielmehr eher Vorsichtsmaßregeln zu ihrer Sicherung? Zum mindesten von der letzten wird man dies bejahen dürfen; und so stellen diese Stadtordnungen in der Geschichte des deutschen Städtewesens doch den Beginn einer neuen Epoche dar, in der die landesherrliche Stadt unter beschränkender Leitung des Beamtentums, aber mit gesicherter Unabhängigkeit der einzelnen Bürger emporkommt.

In der Verfassung dieser Städte hat sich fortan nicht viel geändert. Die Probezeit, auf die sie zuerst gegeben war, verlief, wie es zu erwarten war, günstig. Es erfolgten nur genauere Ordnungen einzelner Materien, wie des Schuldrechtes, Instruktionen der Schultheißen, Wahlordnungen für Rat und Bürgermeister, Ordnungen des Bauwesens. Diese letzteren, die interessantesten unter jenen Ausführungsbestimmungen, zeigen wieder den klaren, etwas ängstlich-mißtrauischen Geist dieser kleinfürstlichen Verwaltung: Wahrung des städtischen Besitzes, Verbot der Erker und Überbauten, um eine grade Fluchtlinie zu erhalten, vor allem Kontrolle des Bürgermeisters und des städtischen Baumeisters, sowohl durch den Rat, wie durch die Regierung.

Wie das Schreibwesen während des ganzen 16. Jahrhunderts an

Bedeutung gewinnt, schwillt auch die Zahl dieser Ordnungen an; aber auch in ihrem Inhalt macht sich eine Verschiebung geltend: Der freie wirtschaftliche Sinn, der in den Ordnungen Christophs herrscht, beginnt zu weichen. Freilich verringert sich auch in gleicher Weise das Mißtrauen, das damals die Herrschaft jedem genossenschaftlichen Zusammenhang der Bürger entgegengebracht hatte.

In ungleichem Maße, sogar fast in entgegengesetzten Richtungen, entwickelten sich die badischen Städte. Ettlingen und Durlach, auf die jene Ordnungen nicht ausgedehnt wurden, blieben Landstädte, auch dann, als Durlach Residenzstadt wurde. Landwirtschaft und Allmendbesitz spielen hier immer die erste Rolle. Doch mag der freundliche Marktplatz von Ettlingen mit seinem köstlichen Brunnen, dem dünkelhaften Pritschmeister über dem frechen, kleinen Narren, noch ein Bild von Behäbigkeit und Lebenslust der Kleinbürger jener Tage geben, während in Durlach die Reste, die die Verwüstung der Franzosenzeiten überdauerten, noch darauf hindeuten, wie mächtig sich diese stattlichen Bauten, Schloß, Kanzleigebäude, der riesige Landspeicher aus der umgebenden Kleinstadt heraushoben. Auch in Baden herrschte die Hofhaltung und die Beamtenschaft immer vor; auch die Stiftsherren verschwanden nur zeitweise in der Reformationsepoche; nur waren sie nicht mehr so stolze, auch nicht mehr so müßige Pfründner wie im 15. Jahrhundert. Zu ihnen traten seit Philipp II. die Seminaristen. Das Badepublikum aber nahm, wie man schon 1578 klagte, wohl etwas ab. Doch blieben die Wirte hier die großen Herren; im Balderich und im Salmen hielten die Landstände ihre Abschiedsmahle, zu denen auch die Markgrafen erschienen. Handel und Gewerbe wollten aber hier nie so recht in die Höhe kommen. Wir sahen, wie die Landstände und der Rat der mangelnden Religionsfreiheit die Schuld gaben.

Anders Pforzheim; es wurde die eigentliche Gewerbestadt der Markgrafschaft. Als es noch Residenz war, im Jahre 1545, schildert es der fröhliche Pommer Bartholomäus Sastrow, der sich in der Kanzlei gründlich langweilte, als eine behagliche Kleinstadt: „Pforzheim ist nicht groß, hat nur eine Kirche, liegt gar im Grunde an einer schönen, lustigen Wiesen, dadurch läuft ein klares, gesundes Wasser, gibt allerlei wohlschmeckende Fische, daran man des Sommers gar gute Kurzweil haben kann, zwischen überaus hohen Bergen, so mit Holzungen, einer Wildnis nicht ungleich, bewachsen, so gut Wildbret gibt. Das fürstliche Schloß liegt wohl niedrig, aber respectu oppidi ziemlich hoch; sonst hat die Stadt viel gelehrter, bescheidener, freundlicher Leute, und alles, was man zu des Leibes Notdurft, auch Erhaltung zeitlichen Lebens in Gesundheit und Krankheit von nöten, an Gelehrten, Ungelehrten, Apothekern, Barbieren, Wirtshäusern, allerlei Handwerkern, nichts ausgenommen, in Predigen und Gesängen evangelischer Religion." Seine Schule, seine Druckerei, sein berühmtester Sohn, Johann Reuchlin, der es nie unterließ, seinem Namen das „Phorcensis" hinzuzufügen, hatten ihm zuerst Ruf verschafft. Hier aber entwickelte sich jetzt unter dem Einfluß der Ordnungen Christophs ein gewerbliches Leben und Treiben, in dem alle Gegensätze, wie sie das 16. Jahrhundert barg, zum Ausdruck kamen. Diese Entwicklung aber verlief großenteils in andere Bahnen, als sie Christoph vorgezeichnet hatte.

Nur durch Förderung der Gewerbe konnte man hoffen, die Landstädte in die Höhe zu bringen. Diese Förderung aber sah wenigstens Markgraf Christoph nicht mehr in der Erteilung von öffentlichen Rechten, nicht mehr in der Stiftung von selbstherrlichen Genossenschaften, die sich ebenbürtig den Zünften der Reichsstädte anreihten, ihr Gewerbereсht teilten und es der Obrigkeit selber aufdrängten, die ihre Mitglieder mit jeder Seite ihres Wesens erfaßten und ihr ganzes Leben umspannten, die als geschlossene Körperschaften im Staat stehen und als solche in der Gemeinde das große Wort führen und den Rat selber besetzen. In das neue Ideal der Territorialverwaltung, wie es diese trefflichen Verwalter erfüllte, paßte ein solcher Zustand nicht mehr; für sie war eine staatliche Regelung und Kontrolle, die sich um jede Einzelheit bekümmerte, auf der einen Seite, auf der andern aber persönliche Unabhängigkeit der Gewerbetreibenden von ihresgleichen das Ziel. Diese Gedanken — wir würden sie jetzt die modern bureaukratischen nennen, wie wir denn auch wirklich in diesen fürstlichen Schreibstuben die Anfänge einer Bureaukratie sehen — treten zum Beginn am entschiedensten hervor; sie konnten auch nicht mehr ganz erlöschen; sie machten sich immer wieder geltend, wo die fürstliche Macht und der vorwärtsdrängende Wunsch nach einer kräftigen wirtschaftlichen Entwicklung stärker und selbstbewußter auftreten; allein in den langen Zwischenpausen solcher Zeiten erlahmten sie, und bei den Handwerkern selber, die doch der Gegenstand dieser Fürsorge waren, fanden sie weder Neigung, noch Verständnis. Denn diese hielten allerwärts zähe fest an der Verfassung und dem Recht, das sie in jahrhundertelanger, kämpfereicher Entwicklung selber ausgebildet hatten; sie übten die stille, aber fast unwiderstehliche Zwangsgewalt, die in dem engen Zusammenhang, dem ununterbrochenen Personenaustausch eines Berufsstandes liegt, der sich nicht durch Landesgrenzen abgliedern läßt.

Sie waren immer bereit, jeden Ort, jede Person, die von der allgemeinen Sitte und Regel abwichen, diese Macht fühlen zu lassen. Die gesellschaftliche Ächtung, die darin liegt, sich ausgeschlossen zu sehen vom Kreis der Berufsgenossen oder auch nur minderes Ansehen in ihm zu genießen, konnte nicht ersetzt werden durch den Schutz eines kleinen Territorialherrn. Neue Gedanken, seien ihre Träger noch so sehr überzeugt, daß sie die richtigen seien und daß ihnen die Zukunft gehöre, verklingen wirkungslos, wenn ihnen der Widerhall fehlt. Aber sie saßen auch gar nicht so fest in den Köpfen dieser Fürsten und Beamten, daß man auf die Dauer nachdrücklich auf ihnen bestanden hätte. Auch mit den Zünften ließ sich leben, wenn sie nur darauf verzichteten, eine öffentliche, politische Rolle in den Städten zu spielen, wenn sie sich begnügten, ihre Rechte aus der Hand des Landesherrn in Empfang zu nehmen, wenn sie das „Korrespondieren" und die Anfragen um Rechtsweisung bei den Oberladen der Reichsstädte unterließen. Schien es nicht auch, als ob man dann für die Gewerbe am besten sorge, wenn man ihren eigenen Wünschen entgegenkomme? Und war es nicht auch ein Vorteil für die Landeshoheit, die eigenen Handwerker recht abzuschließen, sie fest in der Hand zu haben und mit ihnen einen kleinen, vollkommenen Staat auszubauen, der sich selber genüge? So fühlte man bald sogar eine Zuneigung; man erfreute sich mit Behagen des gleichen Geistes, der in der Schreibstube und in der Zunftstube waltete, der liebevoll und folgerichtig den Einzelfällen nachging und sie in Paragraphen faßte. Auch für den korporativen Geist, den man anfangs so entschieden abgelehnt hatte, regte sich die Sympathie: Vetternschaften hier, Vetternschaften dort.

Zu diesen inneren Gründen, die im Laufe des 16. Jahrhunderts eine völlige Schwenkung der Gewerbepolitik hervorbrachten, trat die Verschiebung der äußeren Bedingungen. Bis in die kleinsten Territorien macht sich der Stillstand des deutschen Handels, der Rückgang der Bedeutung der Reichsstädte in der zweiten Hälfte des Jahrhunderts geltend. Wohl wächst der Wohlstand, aber nicht wachsen die Produktivkräfte. Den großen Preisverschiebungen entspricht schon nicht mehr eine Steigerung der Betriebsamkeit. Die rege Organisationstätigkeit, in der Fürsten und Beamte sich gefallen, ist nirgends schöpferisch; sie richtet sich aufs Kleine und zieht auch das immer mehr ins enge. Die Gewissenhaftigkeit selber wird zur Beschränktheit und Starrheit. Als der große Zusammenbruch kommt, trägt sie als Trost das Gefühl erfüllter Pflicht hinweg und beugt sich unter der Hand Gottes; aber nichts besitzt sie von der freien, klugen Art der Vorfahren.

Das nun ist das besondere Interesse der Gewerbegeschichte der kleinen Markgrafschaft, daß sie diese Stufen nicht nur deutlicher, als man sie anderwärts verfolgen kann, sondern meistens auch früher durchlaufen hat. Sie hat daher auch öfters zum Vorbild der Nachbarn gedient, oft auch hat sie aber das Vorbild dieser, namentlich Württembergs befolgt. Markgraf Christoph hat in der Landesordnung, sowohl der Markgrafschaft, als auch der Grafschaft Eberstein, einen unzweideutigen Grundsatz aufgestellt: Er erklärt alle Einungen und Bündnisse, die wider die Herrschaft sind, für ungültig, das heißt, er macht das Vereinsrecht überhaupt abhängig von der obrigkeitlichen Bewilligung; und er schließt in dieses Verbot bei gleicher Strafe Leibes und Gutes alle Zünfte ein. Dem entsprechen jene, schon angeführten Bestimmungen seiner Stadtrechte. Die Zusicherung der Verkehrsfreiheit in den Städten entspricht dem. Nicht die gleiche Freiheit genießen die Dörfer. Ihnen werden alle Gewerbe, Gremplereien, Metzelbänke, Badstuben und dergleichen abgesprochen, nur vier Marktflecken, Bühl, Rastatt, Graben und Stein werden ausgenommen. So übernimmt die Territorialverwaltung einen Grundsatz der städtischen, der für diese ebenso selbstverständlich wie mit ihren Mitteln undurchführbar war.

Mit dieser scharfen Feststellung der Scheidung von Stadt und Land, zugleich aber der Gewerbefreiheit in den Städten, ging bereits unter Christoph, dann auch unter seinem Sohne Philipp eine noch schärfere obrigkeitliche Regelung der wichtigsten Gewerbe Hand in Hand, während man die minder wichtigen einstweilen außer acht ließ, weil die allgemeine Befugnis der Obrigkeit, ihre Verhältnisse zu ordnen, ohnehin feststand. Für das eigene Land waren unzweifelhaft die wichtigsten Gewerbe die der Bäcker und Metzger. Sie unterstanden überall einer strengeren Aufsicht als andre, auch die Nahrungsmittelpolizei der mittelalterlichen Städte hatte sie einer solchen unterworfen; denn nirgends war man gesonnen, die Bürger ihrer Willkür preiszugeben, selbst ihren Einfluß im Rat fürchtete man; aber ihr besonders fester genossenschaftlicher Zusammenhang wurde durch ihre größere Abhängigkeit nirgends gelockert; hat er doch, anders als bei den übrigen Zünften, überall den Wechsel der Zeit überdauert. So peinlich genau bis zum Mißtrauen waren aber selbst in Städten, wo man die Handwerker möglichst kurz im Zügel hielt, die Vorschriften nicht wie in der Markgrafschaft, wo ihnen zugleich die Zunft versagt war. Noch waren hier auf dem Land durchaus, in den Städten großenteils, die Zustände naturalwirtschaftlich. Da waren zunächst die Bäcker. Auf den Dörfern gab es überall die Gemeindebacköfen und der erwählte Bäcker versah hier ein Gemeindeamt; er war verpflichtet, für ausreichendes und frisches Brot zu sorgen und wurde bestraft, wenn er es daran fehlen ließ. So hat es noch die endgültige Landesordnung Georg Friedrichs von 1622 geregelt. Aber auch für die beiden Hauptstädte nimmt Christophs Stadtverfassung als das Gewöhnliche an, daß der Bürger entweder im eigenen Hause backe oder dem Bäcker, der insoweit nur Lohnhandwerker ist, sein eigenes Mehl übergebe.

Wir sahen schon, wie in diesen Gesetzen auch das Metzgen im eigenen Hause durch eine Begünstigung im Ungeld gefördert wurde. Dadurch nun, daß das Ungeld zum Ersatz aller direkten Steuern gemacht wurde, war auch die genaueste Ordnung der beiden Gewerbe und des Korn- und Brotmarktes nötig geworden. Da suchte nun Christoph die Ordnungen so vollständig zu machen, daß sie womöglich jede Stufe der Produktion und des Verkehrs ergriffen. Gleich im Anfang seiner Regierung hat er den Korn- und Weinschlag, die amtliche Preisliste für Getreide und Wein, eingeführt: Alljährlich wurde sie unter Berücksichtigung der wirklich gezahlten Preise ausgearbeitet und ist so bis in den Anfang des 18. Jahrhunderts fortgeführt werden. Gewiß, sie ist nicht mit jenen Marktpreisen zu verwechseln und hat sich wohl immer etwas unter ihnen gehalten. Auch wurde sie selbstverständlich dem Verkehr nicht aufgenötigt. Dennoch ist sie von großer praktischer Wichtigkeit; denn der Staat selber berechnete seine Einkünfte und seine Ausgaben, soweit sie in Naturalien bestanden — und noch war dies bei beiden wohl bis zur Hälfte der Fall —, nach diesen Sätzen. Auch der Darlehensverkehr vollzog sich noch großenteils in Wein und Getreide; da war die amtliche Taxe vollends nötig, da doch das Geld der Wertmaßstab war, dessen das Recht bedurfte, grade weil man das Geld nicht unbedingt zum gesetzlichen Zahlungsmittel machen konnte. In der Ordnung des Kornmarktes war man ersichtlich bemüht, den Einkauf der einzelnen Haushaltungen zu begünstigen. Zweimal in der Woche soll er stattfinden, um so jedermann beständig Gelegenheit zu geben, sich zu versorgen.

In den Müllerordnungen der Markgrafschaft ward wenigstens dieses Gewerbe peinlich in den Schranken des Lohnbetriebes gehalten. Daher sollte der Müller gar nicht auf dem Kornmarkt als Käufer erscheinen außer mit besonderer Bewilligung, und Gemeinschaft mit dem Bäcker war vollends verpönt. Aber auch den Einkauf des Bäckers sucht die Ordnung nach Möglichkeit zu beschränken. Sobald er eine größere Menge Getreide kauft, ist jedem erlaubt, ihm „in den Kauf zu stehen", das heißt zu dem von jenem gezahlten Preis einen Teil der Ware für sich zu verlangen. Solche Einstandsrechte sind bei andern Gewerben — weiterhin auch in Baden — oft angewendet worden, um keinen einzelnen Handwerker über die andern emporkommen zu lassen; hier, wo solche Rücksichten wegfielen, soll es dem Schutz des Publikums dienen. Gibt es nun gleich in den Städten nicht Bannmühlen und Gemeindebäcker, so faßt man doch auch hier ihren Beruf wesentlich als ein Amt auf. Jedem Müller und Bäcker werden von dem Herrn Kornschreiber, der über allen Umsatz Buch führt, seine Kunden zugeschrieben; und wenn ein Bürger zu einem andern Bäcker überging, forscht die Obrigkeit nach, ob man auf den Grund des Zwistes kommen könne. Natürlich tut sie es nicht, um die Kunden festzuhalten, sondern um nötigenfalls den Bäcker zu bestrafen. Eine so umständliche Buchführung wird freilich durch die Kontrolle des Ungelds nötig gemacht; denn der Handwerker darf auch nicht eher mahlen und backen, als er die vom Bürger eingelöste Quittung der Steuerbehörde in Händen hat. Für die aber, welche sich nicht so reichlich versorgen können oder wollen, ist der offene Brotmarkt da. Wieder scheint es der Schutz des Publikums zu erfordern, daß, damit jeder zu gleichem Kauf gelange, der Markt allgemein beschickt werde. Den Bäckern ist sogar verboten, den Kunden das Brot ins Haus tragen zu lassen, alles Brot, das zu feilem Kaufe steht, ob in der Stadt gebacken, ob von außen eingeführt, muß auf den Markt geführt werden. Traute man auch dem in einzelnen Werkstätten zersplitterten Handwerk nicht zu, die Versorgung regelmäßig zu vollziehen? Kam es doch in knappen Zeiten auch auf dem offenen Brotmarkt zu stürmischen Szenen; und die Ordnung mußte verbieten, auf die Karren der Bäcker zu steigen oder Brot gewaltsam aus den Körben zu nehmen.

In der städtischen Gewerbepolitik war seit alters kein Verwaltungszweig so gut ausgebildet wie die Schaueinrichtungen: Bei den Nahrungsmittelgewerben oder überhaupt bei allen, die für die Nächstgesessenen arbeiteten, dienten sie der Sicherung der Verbraucher, bei Exportgewerben hielten sie den Ruf der Stadt aufrecht. So peinlich war in Baden die Brotschau, daß man hier sogar die Einrichtung der Freibank trifft, die sich sonst nur als eine der mittelalterlichen Einrichtungen, die sich bis zum heutigen Tage bewähren, bei dem Fleischverkauf findet. Auch die Schau wurde von der Obrigkeit, vom Rat geübt, obwohl es auch geschworene Schauer des Handwerks gab. Diese konnten als Gutachter beigezogen werden, aber eine Verpflichtung hierzu bestand nicht. So war auch die Abschätzung des Brotes Sache öffentlicher Beamten. Für sie hatte man ein mechanisch wirkendes System gewählt: der Preis des Roggenbrotes sollte mit dem des Getreides gleichmäßig auf und nieder gehen; für das Weizenbrot dagegen hatte man eine gleitende Taxe beliebt, um die Preisbewegung abzuschwächen. Man wählte jedoch den weniger auffälligen Weg, den der Bäcker immer schon von selber einschlägt, nicht die Preise zu erhöhen, sondern das Gewicht des Brotes zu vermindern. Mit diesen Maßregeln hatte man also nach Möglichkeit den selbständigen Unternehmer dieses Handwerks auf einen bloßen Arbeitslohn beschränkt, wie es nicht anders sein kann, wo dem Handwerker das Recht der eigenen Preisbildung entzogen wird.

Etwas mehr Selbständigkeit haben die Ordnungen den Metzgern gewährt; denn für dieses Gewerbe ist immer ein gewisser Wohlstand Voraussetzung eines geordneten Betriebes gewesen; aber was man tun konnte, um auch in diesem Gewerbe den kaufmännischen Charakter zurückzudrängen und den des Amtes hervorzukehren, geschah auch hier. Zu bloßen Lohnhandwerkern konnte man die Metzger nicht machen; die Hausschlachtungen, obwohl begünstigt, waren in der Minderzahl, und so sehr man wünschte, die Viehmärkte in die Höhe zu bringen, blieb doch der Einkauf auf dem Lande das Wichtigere. In der Stadt Baden waren für den Viehmarkt eigne Makler aufgestellt, um die Preisbewegung möglichst gleichartig zu gestalten, die Bürgschaft für die Sicherheit der abgeschlossenen Geschäfte und die Qualität der Ware zu übernehmen. Erst in der Gegenwart und auch da erst in den größten Städten Deutschlands ist man zu dieser Geschäftsweise, die damals beinahe obligatorisch war, zurückgekehrt. Die Metzger waren oft Händler; wenn man ihnen bisweilen auch die Wiederausfuhr des Viehs etwas erschwerte, waren ihnen für ihr Vieh doch die großen Weiden in den Tälern überlassen; es war ihnen, entgegen allem sonst geltenden Gebrauch der Handwerke, sogar gestattet, sich untereinander und mit stillen Gesellschaftern zu assoziieren.

Insoweit hätten wir es hier mit einem Gewerbe, das wir heute als kleinkapitalistisch bezeichnen würden, zu tun, hätte sich nicht der eigentliche Betrieb des Handwerks und der Verkauf des Fleisches in der entgegengesetzten Richtung bewegt. Hier wäre jede Verbindung mehrerer zu gefährlich für das Publikum erschienen. So war denn dieses Handwerk, vom Einkauf abgesehen, einer noch schärferen Beaufsichtung als das der Bäcker unterstellt. Etwa gleichzeitig mit der Erteilung der Stadtrechte war auch in Baden die neue Metzig erbaut worden; streng wurde jetzt der Schlachtzwang durchgeführt und mit ihm zugleich die doppelte Schau durch das Kollegium der Fleischschätzer vor und nach dem Schlachten; nur beim Kleinvieh wurde später die erste nachgelassen. Die Klassifizierung war dieselbe wie wieder heute: vollwertiges, minderwertiges, das auf die Freibank gewiesen wurde, untaugliches Fleisch. Finniges Fleisch durften die Metzger selber verzehren, aber nicht verkaufen, augenscheinlich weil man sonst der unschädlichen Zubereitung nicht sicher war. So hat man, wenn auch ohne die technischen Hilfsmittel unsrer Zeit, doch dieselben, teilweise noch strengeren Maßregeln, wie sie jetzt nach langer Vernachlässigung wieder aufgenommen worden sind, streng durchgeführt.

An die letzte Schau schloß sich die Schätzung; jede Sorte mußte dann nach Art und Güte besonders gelegt werden. Für den Verkauf aber war wieder die Sorge für den kleinen Bürger maßgebend; denn die Metzger begünstigten gern die großen Hoteliers, die „Herrenwirte", die in der Badestadt, die damals ihre erste Blüte als solche erlebte, auch sonst den Ton angaben. Der Kampf war hartnäckig und wurde von der Obrigkeit mit immer genaueren Bestimmungen geführt, damit auch wirklich jeder Käufer das Stück erhalte, das er begehrte. So ward denn auch alles im Betrieb bis ins kleinste geregelt: Blutverwertung und Wurstmachen, die Dicke der Speckseiten und die Kontrolle der Gewichte, die Knochenbeilage nicht zu vergessen. Man wird es entschuldbar finden, daß die Metzger nicht mehr versprechen wollten, als diese Ordnung nach bestem Wissen zu halten, aber die Zumutung zurückwiesen, sie zu beschwören; „denn sie wollten nicht außer an Geld auch an der Ehre gestraft werden". Die Vereidigung aber hätte vollends gezeigt, daß die Obrigkeit ihnen eher ein Amt als ein Geschäft zuzuweisen bestrebt war.

So wichtig nun auch solche, dem täglichen Lebensunterhalt dienende Gewerbe waren, so sehr die „gute Polizei", das Ideal der aufkommenden Beamtenherrschaft, auch darin bestand, sie in feste Regeln zu bringen, so wurde es doch zum eigentlichen Ziel einer tätigen Gewerbepolitik, neue Erwerbszweige großzuziehen, die nicht nur auf den lokalen Absatz angewiesen sind. Noch gibt es keine ausgebildete Lehre, keine Summe von theoretischen Überzeugungen, denen man Geltung verschaffen will, keine merkantilistische Doktrin; aber schon beginnt eine merkantilistische Praxis, und noch mehr als auf andern Gebieten der Verwaltung konnte in der Gewerbeförderung das Vorbild jener Städte, die über eine alte Erfahrung geboten, für die Fürsten maßgebend werden. Wo die Städte selber vom Ausland überflügelt waren, da konnte auch dieses zum Muster dienen; und wo man etwa schon im eigenen Land Ansätze vorfand, die man nur weiterzuentwickeln und zu organisieren suchen mußte, da erwuchsen mit der neuen Aufgabe auch neue Ansichten und Mittel. Das eben ist es, was auch unser Interesse in Anspruch nimmt. Auch hier ist Markgraf Christoph von Baden eine der ausgeprägtesten Gestalten der Übergangsperiode vom Mittelalter zur Neuzeit.

Unter allen Gewerben hatte für die Städte die Wollenbereitung, zumal die Tuchmacherei, von alters her die größte Bedeutung besessen; auch hatte in ihr niemals städtisches Zunftwesen ganz erstarren können, weil es niemals den belebenden Hauch des Handels und der internationalen Konkurrenz auszuschließen hatte wagen können; auch der Landbevölkerung hatte man niemals alle Beteiligung, wenigstens an der Herstellung geringerer Sorten, völlig abstricken können. Auch am Oberrhein hatte dieses Handwerk, dem in der Geschichte der Kämpfe um die bürgerliche Freiheit eine so bedeutende Rolle zufällt, eine ruhmvolle Vergangenheit. An der Straßburger Tucherzunft hat die Wissenschaft unsrer Tage die ganze Geschichte des deutschen Wollengewerbes orientiert, in Freiburg, in Villingen waren andre Hauptsitze. Mit Klugheit und Energie hatten die Obrigkeiten dieser Städte stets mit oft wechselnden Verhältnissen zu rechnen, immer auch dem Kaufmann, ja, dem sonst so leicht beargwohnten Kapitalisten, der sein Geld vorschießt, einigen Spielraum gewährt. Mehr als je galt es, diese Eigenschaften zu bewähren in der Krisis, die mit dem Ende des 15. Jahrhunderts über die deutsche Tuchmacherei hereinbrach. In dieser Zeit machte sich erst recht die Überlegenheit des flandrischen Tuchgewerbes geltend; die engere Verbindung mit Burgund und wohl mehr noch die mit dem steigenden Wohlstand zunehmende Vorliebe für feinere Tuche rückten dem deutschen Produzenten den Wettbewerb näher als früher. Überall wurde, um ihn zu bestehen, Verfeinerung der Ware nach flandrischer Weise notwendig. Nicht überall entschloß man sich hierzu; wo man es tat, fehlte oft der Erfolg. Straßburgs alte Tuchmacherei ging rückwärts, auch Villingen konnte die alte Stelle nicht behaupten, bessere Erfolge hatte Freiburg aufzuweisen. Dies war auch der Zeitpunkt, in dem Christoph, dem während seiner langen Wirksamkeit in den Niederlanden die Bedeutung dieses Gewerbes handgreiflich entgegengetreten war, mit seinen Bemühungen einsetzte. Zum erstenmal unternahm es ein Landesfürst, dieses bedeutende Gewerbe in einem ganzen Territorium einheitlich zu ordnen. Seine Untertanen kamen ihm selber dabei entgegen. Auch ohne daß sie eine Zunft gebildet hätten, wie sie denn auch jetzt keine erhielten, legten 1486 die gesamten Wollenweber von Pforzheim den Entwurf einer gemeinsamen Ordnung vor. Unter dem Vorsitz des Landhofmeisters Wilhelm von Neipperg trat eine Kommission zusammen, die diesen Vorschlag bearbeitete und dabei auch die Ordnungen aus andern Städten, namentlich aus dem benachbarten Württemberg, verglich.

Als ein Landesgesetz, das auch nur durch die Obrigkeit geändert werden konnte, das gar keine Verordnungsgewalt der Städte, keine Willküren der Handwerksgenossen zuließ, wurde die neue Ordnung veröffentlicht. Auch weiterhin blieb die Aufsicht den Amtleuten, die Erhebung der Bußen den Bürgermeistern zugewiesen, die Schau, die nirgends eingehender als in diesem Gewerbe geübt wurde, blieb der Obrigkeit vorbehalten. Zwar sollten die Meister zusammenkommen um der Sachen des Handwerks willen, so oft ihnen das Gebot verkündet wurde, aber man sieht, daß sie nichts tun durften als Vorschläge unterbreiten. Doch hatten sie in den einzelnen Städten geistliche Bruderschaften, zu denen auch die Knechte beitragen mußten. Wie so oft flüchtete sich der Rest von genossenschaftlichem Geist, den man nicht entbehren konnte, unter den weiten Deckmantel der Religion.

Da nun die Meister keine abgeschlossene Körperschaft bildeten, so war auch der Beschäftigung von Außenstehenden keine besondere Schwierigkeit bereitet. Auch hier gab es Bürger, die zum Hausgebrauch beim Weber Wolle zu Tuch verarbeiten ließen. So war es bei den Bauern von jeher allgemein mit dem Leinengarn gehalten worden, aber die Tuchmacherei war ein städtisches Gewerbe und hier war Störarbeit und Heimarbeit von jeher bekämpft worden. In der Ordnung wurde diese naturalwirtschaftliche Selbstversorgung durch eine Taxe geregelt; wie denn überall das Taxwesen da blühte, wo die Heimarbeit einsetzte, indem der Staat bemüht war, die Arbeitslöhne und die Beziehungen zu den Kunden einheitlich zu ordnen, ein Bemühen, das sich alsdann auf die staatliche Pflege der Hausindustrie übertrug, wo es später ein weit fruchtbareres Feld finden sollte. Weit wichtiger war es, daß auch Kapitalisten vielfach Wolle und Garn bei Hausknappen, wie man die Heimarbeiter hier nannte, verlegten, ja sogar die Webstühle verstellten. Damit wäre man geradenwegs in die industrielle Organisation hineingesteuert. So erging es schon damals der Leinenweberei im Seekreis, wo die großen Gesellschaften, nachdem man noch im Anfang des Jahrhunderts das Verlagssystem bekämpft hatte, erstmals die Macht des Kapitals in der Organisation der Arbeit und des Exports zeigten. Dort aber handelte es sich um ländliche Heimarbeiter, um deren Selbständigkeit oder Unselbständigkeit sich städtische Obrigkeiten gar nicht und ländliche wenig bekümmerten. Hier dagegen wollte man eine solche Bevormundung nicht, oder wollte sie doch nur eben so weit zulassen, als sie unentbehrlich war.

So suchte man denn auch dem Verlagssystem noch eine Art naturalwirtschaftlichen Charakter zu wahren: Diesen Verlegern sollten nur solche Tuche zur Schau zugelassen werden, die sie von Wolle ihrer eigenen Schafe hatten weben lassen. Damit war die Betätigung des eigentlichen Kaufmanns, des Wollkäufers oder Garnkäufers,. ausgeschlossen. Doch ging diese Begünstigung der Webermeister nicht so weit, daß man ihnen allein das Recht auf die Beschäftigung der Hausknappen eingeräumt hätte. Der Fremde, der in Baden Tuch weben lassen wollte, ward geradezu eingeladen, wenn er sich nur den Vorschriften der Schau fügte. Wer wird da so genau gefragt haben, ob der Besteller, der das Garn selbst lieferte, nun auch wirklich selber Weber sei? Natürlich wünschte man, daß die Kaufleute der vier badischen Städte ihren Bedarf auch im Lande deckten. Der Landhofmeister traf eine solche Verabredung mit ihnen, die jedoch sich weder auf feine Tuche erstreckte, noch einen Zwang enthielt. Doch begründete man sie damit, daß bisher unnötigerweise solche Ware in Frankfurt gekauft worden sei, und daß es doch besser sei, wenn der eine bei dem andern sich im Lande ernähren könne.

So stellte die Ordnung zwar auch den strengen Grundsatz auf: Kein Bürger solle Garn nach außen zu verweben geben, sondern die Auswendigen auf dem Land mögen zu weben geben in die Stadt; aber auch hier beschränkte sie diese Begünstigung der städtischen Weber auf die feinen Tuche, die nach der Schau, je nach ihrer Güte mit einem oder mehreren Siegeln gekennzeichnet und nach Handelsgebrauch zusammengelegt wurden. Das geringe Tuch, das nicht gesiegelt und das in Ballen gerollt wurde, durften städtische Unternehmer auch auf dem Land weben lassen und mußten es zur

Schau bringen. So ist denn in der Tat die streng beaufsichtigte Tuchmacherei den Städten verblieben; aus der alten ländlichen Wollenweberei aber hat sich auf dem Lande die Zeugmacherei entwickelt, die zunächst in Baden, später aber in Württemberg zu einem ungeahnten Aufschwung als Hausindustrie kommen sollte.

Mochte man nun auch dem Unternehmer, der außerhalb des Gewerbes stand, wenig günstig gesinnt sein, so brachte doch schon die Tatsache, daß so viele Hausknappen vorhanden waren, die Heimarbeit und das Verlegen von selber mit sich. Sie saßen zum großen Teil draußen auf dem Lande als verheiratete Leute und arbeiteten für einzelne Kunden sowohl wie für Meister — dies das Gewöhnliche —, jedoch immer nur um Lohn. Darum ist es ihnen auch verboten, Lehrlinge auszubilden, damit sie die ihnen anvertraute Wolle nicht durch deren Ungeschicklichkeit verderben. Darum standen sie auch den Handwerksknechten näher als den Meistern. Sie hatten Trinkstube und Kasse mit ihnen gemeinsam. Doch sollten die Bußen gegen die Stubenordnung nur zum „Vertrinken" verwandt werden; alle weitergehenden Zwecke, die diese Gesellenladen so gern aufnahmen, waren ihnen untersagt; denn womöglich noch mißtrauischer als den Verbänden der Meister stand man ihnen gegenüber. Wie viele dieser Hausweber die Meister beschäftigen wollten, war ihnen durchaus freigelassen, während die Anzahl der Gesellen auf zwei, ihr eigener Betrieb also auf drei Stühle — wenn wir einen auf den Lehrling rechnen — beschränkt war, entsprechend dem Vorbild der Reichsstädte.

Da auf technische Hebung des Gewerbes die Hauptabsicht der Ordnung gestellt war, so wurde jetzt erst die Lehre genau geregelt; auch die Hausknappen mußten bei einem Meister das Handwerk in seinem ganzen Umfang gelernt haben, damit es keiner durch bloßes Zusehen abstehle. Trotzdem blieb Streichen, Schlagen, Kämmen der Wolle Hilfsarbeitern überlassen. So wurden auch die Verhältnisse der Gesellen zu den Meistern umsichtig geregelt: Stücklohn 2 bis 4 Pfennig für die Elle, aber Wohnung und Essen, ohne Wein und Licht, beim Meister, wofür 1 β wöchentlich in die Küche geliefert wurde. Das ist wenig, wenn wir bedenken, daß die freilich recht behäbige Armenspeisung in Baden 25 fl. jährlich, das Kostgeld des Hilfslehrers ebendort auf 22 fl. angesetzt war. Der Nahrungsaufwand des Tages betrug also nur soviel wie der Arbeitsverdienst für 6 Ellen gewöhnlichen, 3 Ellen feinen Tuchs. Die Kündigungsfrist war auf eine Woche bestimmt. Der Färber, damals wie auch noch meistens heute ein Lohnwerker, ist hier überhaupt ein Beamter des gesamten Handwerks. Die größte Sorgfalt verwendet aber die Ordnung auf die Bestimmungen über die Schau und die mit ihr zusammenhängenden Produktionsvorschriften. Alle Stufen der Bearbeitung, alle Gerätschaften, sind bestimmten Vorschriften und regelmäßiger Revision unterworfen, wird doch das Tuch auf dem Rahmen und auf dem Stuhl, vor und nach dem Walken beschaut und sind doch noch besondre Vorschriften darüber getroffen, wieviel das Tuch beim Walken eingehen durfte. Tücher, die verworfen, denen die Salbänder abgezogen wurden, durften in keiner Weise verkauft werden, während doch bei den ähnlich strengen Vorschriften der Schau der Bordwaren die verworfenen Bretter wenigstens in der Markgrafschaft selber benutzt werden dürfen. Wir müssen schon bis zu Colberts Ordnungen gehen, um ähnlich peinliche Bestimmungen zu finden. Und hier im beginnenden Merkantilismus, wie dort auf seiner Höhezeit sind es dieselben Absichten, die zu dieser rigorosen Staatskontrolle führen: Beste Ware für den Export soll geliefert werden; dazu will der Staat mit aller Strenge das Gewerbe erziehen. So ist denn die Ordnung Christophs das Probestück der neuen Verwaltungskunst, energisch fördernd und behutsam ausgleichend, nicht ganz konsequent in den beiden wichtigen Fragen des Landhandwerks und der nicht gelernten Unternehmer, zögernd in der Erweiterung des Kleinbetriebs und doch nicht kapitalfeindlich, wie es abwägender Klugheit, die die Bedingungen ihrer eigenen Zeit überschaut, geziemt.

Es blieb eine wichtige Frage offen, wie sich der Ausgleich mit den Interessen der Urproduktion vollziehen solle. Die Landesordnung wie die Städteordnungen, gemäß ihren allgemeinen Grundsätzen, hatten nur eine Kontrolle, keine beschränkende Organisation des Wollhandels vorgesehen: alle Wolle mußte auf der gemeinen Fronwage gewogen werden; ein geringer Zoll, als Ausfuhrzoll gedacht, war damit verbunden. Da begann die starke Ausfuhr in welsche Länder — man dürfte auch Flandern darunter verstanden haben — die heimischen Tuchmacher wie die Regierungen zu beunruhigen. Wieder ging Baden mit Gegenmaßregeln voran, im Jahre 1527, im nächsten Jahrzehnt folgten die Nachbarn seinem

Beispiel, nach 21 Jahren auch das Reich, dies mit weit strengeren Vorschriften, die wiederum den Einzelstaaten zu verschiedenartiger Ausführung Anlaß gaben. Wie beim Getreide machte jetzt der Markgraf den Versuch, ohne den Markt allzusehr einzuschränken, seiner Preisbildung durch Aufstellung eines Wollenschlags zu Hilfe zu kommen. Man traut dem Handel, wie dies ja der Grundgedanke alles Taxwesens ist, nicht recht zu, daß er dieser Aufgabe gerecht werde. Kurz vor der Schur sollte jährlich in Ettlingen eine gemischte Kommission zusammentreten. Aus den Kreisen aller Beteiligten Bürger, Bauern, Wollhändler, Tuchmacher, war sie gebildet; die Herrschaft war durch die Hofküchenmeister und einen Amtmann vertreten; denn ihre eigenen Schäfereien waren doch die größten.

Sie betrachtet alle einschlagenden, preisbestimmenden Momente, Wetter, Heuwachs, Viehstand, Läufe und Käufe des Jahres. Der Schlag, den sie festsetzt, ist nun zum Unterschied von Wein- und Kornschlag auch für den Verkauf gültig: nicht mehr als 7 Schilling darf bis Johannis der Preis des Zentners ihn übersteigen. Bis dahin darf auch keine Wolle ohne besondre Erlaubnis ausgeführt werden; für die ersten Wochen gilt sogar ein Vorkaufsrecht der Einheimischen. Von Johannis ab ist aber aller Handel frei: jeder mag verkaufen, „wohin es ihm beliebt und so hoch er kann". Nur sollte kein Inländer für den Auswärtigen in Kommission kaufen. Es war im Interesse der Bauern, daß man nicht weniger als 11 Wollwagen von Pforzheim und Baden bis Graben aufstellte, im Interesse der Käufer, daß die dort angestellten Beamten Aufsicht führten, um alle jene Verfälschungen zu verhindern, zu denen die Natur der Wolle jederzeit verführt hat, daß die Wolle nicht feucht zusammengebunden, daß nicht Steine daruntergeschüttet, daß nicht gute und Zackelwolle untereinander gemischt seien. Der niedrige Satz des Zolles läßt diesen selbst eher als eine Gebühr für diese Dienste erscheinen.

Man blieb in Baden im wesentlichen bei dieser Ordnung, auch als die Reichsbeschlüsse seit 1548 immer mehr Gelegenheit zum Abschluß gaben. Wenn diese die Ausfuhr der Wolle zu fremden Nationen bekämpften, die Ausführung dieser Bestimmung aber den Reichskreisen überließen, so nahmen andre Territorien wie Württemberg daraus Anlaß, unter den fremden Nationen das „Ausland", wie der Schwabe noch jetzt so gern sagt, das ist den nächsten Nachbarn zu verstehen. In Baden begnügte man sich, mehr im Sinne des Reichsgesetzes vom Käufer die Bescheinigung zu verlangen, daß er in einem der drei verbündeten oberen Kreise eingesessen sei und die Wolle nicht aus dem Reiche führen wolle. Der gemeinsame Schlag aber verfiel, als die beiden Linien sich getrennt hatten.

Der Handel aber hatte mittlerweile eine Richtung genommen, die man bei der Einrichtung des Schlages am wenigsten hätte voraussehen können. So unbedingt überall sonst das Handels- und Gewerberecht jener Zeit jeden Fürkauf und jedes Lieferungsgeschäft überhaupt verfolgten — man mag das seinen obersten Gesichtspunkt nennen —, so mußte man doch von jeher für den Wollhandel eine Ausnahme machen. Denn der Bauer war nun einmal gewöhnt, Vorschüsse von den Händlern zu erhalten und mit ihnen Kontrakte auf Lieferung zu schließen. Auch 1527 hatte man solche zugelassen, aber verlangt, daß erst später und zwar auf Grund des Schlages abgerechnet werde. Damit hatte man ganz geschickt das Wesen des Lieferungsgeschäfts, die vorherige Preisbindung, zu umgehen gesucht. Der Fürkauf, der Zwischenhandel aber war wieder den Tuchmachern, die dem Bauern bar zahlen mußten, vom Händler aber Kredit erhielten, unentbehrlich. Man sieht es hier recht deutlich, wie das Handelskapital, gefällig nach beiden Seiten, da nun einmal der verpönte Kredit doch unentbehrlich war, die Vormundschaft über beide erhielt. Denn schon nach 40 Jahren war der gesamte Wollhandel, der für Baden-Durlach mindestens dasselbe bedeutete, wie für Baden-Baden Holz- und Weinhandel, in die Hände von nur drei Abnehmern gelangt und der Handelsgewinn, den sie vom Tuchmacher nahmen, hatte sich gegen früher verfünffacht (5 fl. statt eines vom Zentner). Die Bauern waren ihrer sicheren und kapitalkräftigen Abnehmer froh, die Handwerker um so weniger. Der gute Markgraf Karl wollte den Zwist lösen, wie man es bei dem sichern Vertrauen in die Weisheit und Macht des Staates öfters versuchte: durch ein Monopol.

Schon vorher war der Mächtigste unter jenen drei Wollhändlern der Amtmann von Knielingen gewesen, dem die Verwertung der Wolle aus den großen herrschaftlichen Schäfereien übertragen war. Jetzt wurden zwei Beamte damit beauftragt, alle Wolle zu kaufen und die nötigen Vorschüsse zu geben. Der gemeine Landschlag, aber auch die Preise der Nachbarschaft sollten gelten; mit andern Worten: man überließ den beiden amtlichen Händlern, die ihr ganzes Vermögen einschossen, die Preisbildung nach ihrem Gutdünken. Sie selber, aber auch die Herrschaft und die Bauern standen sich ganz gut bei dem Monopole, aber die Klagen der Abnehmer verschwanden begreiflicherweise nicht, sondern steigerten sich von Jahr zu Jahr. Die Pforzheimer Handwerker waren schlechte Zahler; mit den einzelnen trat der Großhändler ungern in Verbindung; sie wieder wollten in jedem Fall vor allen Auswärtigen begünstigt sein und wußten, daß sie damit auch bei der Regierung eine Saite berührten, die in gleichem Tone nachklang. Aus dem Staatsmonopol war tatsächlich rasch ein Großhandelsgeschäft geworden, dessen Inhaber zugleich auch noch Amtmann in Durlach war. Dem Manne lag bald gar nichts mehr an seinem Staatsmonopol, da er doch ein tatsächliches besaß, er bekannte sich als einen entschiedenen Anhänger der Handelsfreiheit, wenigstens wenn man aus seinem Monopol Verpflichtungen zugunsten der Abnehmer herleiten wollte. Er hatte dabei alle Bauern hinter sich, die er gut kannte, zu behandeln wußte — und die er alle mit Vorschüssen tief in seiner Tasche sitzen hatte.

Vermittelnde Versuche waren vergeblich; aber nach dem Tode jenes Monopolisten (1580), Richard Henneberg von Durlach, trugen die Gewerbetreibenden den vollen Sieg davon. Und da eben in jener Zeit die Wollengewerbe in Pforzheim wirklich stark in die Höhe kamen und sich einen stattlichen Export erwarben, ging man sinnlos auf ihre sämtlichen Wünsche ein: man versuchte den Handel ganz zu vernichten, nur den Handwerkern den Kauf und die Losung zu sichern, aber nur jedem zum eigenen Bedarf. Man hatte sich dabei an das württembergische Vorbild gehalten.

Auf die Dauer war aber dieses System noch weniger durchführbar; immer wieder neue Versuche wurden gemacht. Einen bescheidenen Fortschritt hatte man zu bezeichnen, als die Tuchmacher zum gemeinsamen Einkauf überzugehen wünschten; sie stellten eigens für die Hardtbauern einen Faktor in Durlach an; aber das Kapital von 400 fl., das sie ihm überwiesen, um daraus Vorschüsse zu machen, war doch gar zu geringfügig. Der Handel und mit ihm die Ausfuhr kamen immer wieder, und nur im äußersten Notfalle machten die Tucher einmal gegen ihn von ihrem Losungsrecht Gebrauch. Da hatte es auch wenig zu besagen, daß die Landesordnung von 1622 alle sie begünstigenden Maßregeln in ein System brachte. Sie blieb ein toter Buchstabe, und nach dem Dreißigjährigen Kriege war es einstweilen so wie so mit der selbständigen Wollenindustrie zu Ende. Da mochte man, wie so vieles, was im 16. Jahrhundert Gegenstand lebhafter Kämpfe gewesen war, auch diese Bestimmungen gedankenlos fortschleppen —; sie hatten ihren Sinn verloren.

Wenn man aber allein aus diesen Streitigkeiten mit Händlern und Bauern das badische Wollengewerbe des 16. Jahrhunderts beurteilen wollte, würde man ihm doch Unrecht tun. Man weiß ja, wie man zu allen Zeiten die Urteile streitender Interessentengruppen übereinander auf die Wage zu legen hat. Die Ordnung, die Christoph gegeben, die erhöhte Bürgerfreiheit und verstärkte Selbstverwaltung der Städte, welche bald nachfolgten, bewährten sich aufs beste. Die kleineren Städte freilich nahmen an dem Aufschwung weniger teil, aber die wichtigste Stadt des Landes, Pforzheim, entwickelte sich zu einem für jene Zeiten bedeutenden Gewerbeplatz. An einer Krisis in der Zeit des Bauernkrieges hatte man nicht lange zu tragen. Die Tuchmacherei blühte so auf, daß, die Hausknappen ungerechnet, man jetzt jedem Meister fünf Gesellen zulassen konnte und mußte. 40 Meister zählte man in Pforzheim. Aber doch hatte sich nicht ganz in der Richtung, wie es sich Christoph gedacht hatte, das Gewerbe entwickelt. Er hatte feine Ypersche Tuche ins Auge gefaßt, und gerade umgekehrt waren es die neuen Modestoffe, Serge, Engelsait und Distelsait, die in der Markgrafschaft sich einbürgerten. Sie wurden zwar aus feiner, langer Wolle hergestellt und zeigten sattere Farben als die Tuche, aber sie waren leichter gewebt, und daher bedurfte es für sie nur einer kurzen Lehrzeit. Das aber entsprach ganz den Arbeitsbedingungen dieser Gegenden, wo Hausknappen und Landmeister überwogen. So entwickelte sich denn dieses neue Gewerbe, die Zeugmacherei, wie es in dieser Zeit raschen Einströmens der kapitalistischen Betriebsweise geschah, zur Hausindustrie. Die Unternehmer gehörten zum großen Teil jenen eingewanderten Hugenotten an, die damals überall, wo man sie zuließ, neues Leben in das erstarrende Bürgertum brachten.

Die Tuchmacher dagegen blieben ein bürgerliches Handwerk. In den Streitigkeiten der beiden feindlichen Brudergewerbe erklärten wohl die Zeugmacher: „Wir wollten auch wohl gern ein ruhig, müßig Handwerk treiben; wir haben es aber nicht gelernt, sondern müssen mit Unruh uns und unsre Kinder ernähren, und ob Gott will, wie Biederleuten geziemt“ und sie spötteln etwas über die mangelnde Voraussicht, die beim Tuchergewerbe üblich sei: „Es ist der Tuchmacher alter Brauch, wann die Nahrung am besten ist, daß sie dann meinen: man hab's gewiß; wann man's dann also übersehen hat, muß die Unschuld herhalten“. Wohl waren die Tucher unzufrieden, daß sich diese Betriebe voneinander getrennt hatten, nachdem doch früher auch in jeder ihrer Werkstätten ein Engelsait-Webstuhl gestanden, noch mehr, daß ihnen die feinste Wolle entzogen werde, am meisten, weil der Lohn der Spinnerinnen durch den Wettbewerb um sie verteuert werde; sie hätten eine Einschränkung des neuen Gewerbes gewünscht. Hier aber zeigte sich die Überlegenheit der werdenden Industrie. Die größere Anzahl der Stühle in ihren Betrieben erklärten die Zeugmacher damit, daß sie all das Garn aus den Dörfern ankauften, nicht Wolle verlegten, daß sie Kinder und Frauen anlernten. Auch betrieben sie einen schwunghaften Veredlungsverkehr: Aus der ganzen Nachbarschaft würden ihnen die roh gewebten Zeuge zugeschickt und sie hätten mit dem Ruhm ihrer Farben der Stadt einen großen Zugang gemacht. Indem man nun die Gewerbe trennte, mußte man doch auf die Dauer auch den Zeugmachern, wenigstens für ihre kurzen Wollen, das Recht Tuch zu machen, den Tuchern für ihre langen die Zeugweberei lassen.

Das Gewerbe nahm weiter zu, zunächst auch noch die kapitalistische Gestaltung, indem die einzelnen Werkstätten sich vergrößerten. Aber gerade sie erweckte die Eifersucht der kleineren Betriebe. Auch dieses Gewerbe wurde vom Zunftgeist erfaßt, und Schritt um Schritt drang er vorwärts. Schon war im Laufe der Zeit den Bürgern das Recht Tücher weben zu lassen, eingeschränkt worden; die Tuchmacher, die nur selbstverfertigtes Tuch feilbieten sollten, waren schärfer als früher von den Tuchhändlern geschieden worden; auch wirklicher Fortschritt, wie der Erwerb und die Erbauung größerer Walken durch das gesamte Handwerk, hatte den engeren Zusammenschluß der Meister, die nun ein beträchtliches Einkaufsgeld zahlen mußten, gefördert; die Auseinandersetzung mit den Zeugmachern ließ sie ihre Handwerksrechte noch enger fassen. Jetzt von 1580 ab begannen nun auch die Zeugmacher in dem freien Wettbewerb, in dem Mangel einer genauen Regelung der Lehre, die Mängel zu sehen, wie sie bisher nur die Vorteile gesehen hatten. Noch war die erste Ordnung, die sie erbaten und erhielten, ziemlich weitherzig, noch währte es 40 Jahre, bis beim Erlaß der Landesordnung Georg Friedrichs, auch sie ihre ausgebildete Zunft erhielten, der engsten eine, nach der üblichen Schablone mit ängstlicher Bekämpfung alles Fürkaufs, mit Einschränkung der Lehrlingszahl, mit unerhörter Begünstigung der Meisterssöhne und Schwiegersöhne und was sonst die Zierden einer regelrechten Zunftverfassung waren. Noch waren die Pforzheimer Tücher- und Sergenweber ein Handelsgewerbe geblieben, das seinen Absatz auf den Messen sucht; solche Ordnungen aber mußten den Handelsgeist knicken. In eben jener Zeit hatte man in Württemberg, das sonst so oft mit ängstlichen Gewerbeordnungen zum Muster diente, den kühnen Schritt getan, im benachbarten Calw das Handwerk zu einer Handelskompanie umzugestalten, es unverholen zu einer kapitalistischen Organisation zu machen und ihm die Entwicklung der Hausindustrie rings im Land, den Export ihrer Waren außer Landes, zum Wirkungsfelde anzuweisen.

Im Jahre 1544 hatten die Pforzheimer Zeugmacher auf die ersten Angriffe der Tucher mit dem richtigen Hinweis erwidert: „Kein Flecken rings um uns herum ist so klein, daß man nicht Engelsait mache; so man's hier nicht macht, wird's darum nicht unterwegen bleiben". Es war so gekommen, wie man damals vorausgesagt hatte: Der Geist des Kapitalismus trug in diesem Handelsgewerbe den Sieg über den Geist der Zunftbeschränkung davon. Aus der Markgrafschaft aber blieb er verbannt.

Das aber war seit Christophs Zeiten der allgemeine Gang der Gewerbeentwicklung in Baden gewesen. Unter Philipp I., der seinem Vater am nächsten gestanden, wurden Christophs Traditionen noch leidlich gewahrt; dann waren sie wie ausgelöscht. Und war eine so ausschließlich polizeiliche Reglementierung, wie sie seine Bäcker- und Metzgerordnung zeigt, wirklich auf die Dauer zu halten? Mußte nicht der Geist der Selbstverwaltung, den er einmal wachgerufen und doch beschränkt hatte, nicht um sich greifen? Gerade in dem so viel besser verwalteten Baden-Durlach ging man zuerst entschieden zur Zunftverfassung über, und gerade das rüstig vorwärts strebende Pforzheim sah es wie einen Ehrenpunkt an, auf gleichen Fuß mit andren angesehenen Städten zu kommen. Die neue, kleine Residenz Durlach tat aber immer, was Pforzheim vormachte. Als nun Württemberg in Ulrichs späterer Zeit und unter Herzog Christoph mit hausväterlich genauer und in seiner Art umsichtiger Regelung aller gewerblichen Verhältnisse voranging, verfehlte auch dies Beispiel nicht den Eindruck. Schon in Christophs letzten Jahren beginnen die städtischen Ordnungen von Zünften; die Bäcker fingen an, die andern Handwerke folgten nach; der Rat fühlte sich ganz als Vertreter der Gewerbe, faßte er doch einmal sogar den Beschluß, daß kein Pforzheimer Bürger, bei 10 Schilling Strafe, bei auswärtigen Handwerkern, ohne besondre Erlaubnis des Bürgermeisters, arbeiten lassen dürfe — und die Regierung bestätigte, was der Rat vorschlug. So eingeschränkt diese Ordnungen waren, sie vertrugen immer noch Verschärfungen. Alles war in diesen Statuten darauf berechnet, die einzelnen Meister möglichst gleich untereinander zu machen, was doch nicht anders geschehen konnte, als daß man den Regsameren zurückhielt, ihn in Lehrlings- und Gesellenzahl, im Einkauf seiner Rohstoffe, im Aufsuchen seiner Kundschaft beschränkte: Er hat zu warten, bis der Kunde zu ihm in die Werkstatt kommt; das schien der Würde eines Meisters allein angemessen. Dafür aber werden die Maßregeln gegen das Arbeiten auf den Dörfern immer noch verschärft; die Begünstigung der Bürgerssöhne und der Familie aber mit Liebe gepflegt. Eine gewisse Wohlhäbigkeit ist überall erkennbar, aber die innere Triebkraft erschlafft.

Lange dagegen hat sich die Stadt Baden der Zünfte erwehrt; denn es war die Badestadt, und der Rat rechnete mit den fremden Besuchern und ihren Ansprüchen. Die Handwerker selber freilich hätten lieber gerade daraus umgekehrt gefolgert, daß man nur sie an den Fremden verdienen lassen solle. So die Schneider, die im Jaher 1563 eine Zunft verlangten wie die in Pforzheim, auf das man, als das alte Haupt der badischen Städte auch nach der Landestrennung noch immer sein Aufsehen hatte. Sie klagten über die viele Unordnung unter ihnen, die manche kaum das Brot für Weib und Kind verdienen lasse; sie meinten gut demokratisch: „Es sei doch das Amt eines Fürsten, die Armen so gut wie die Reichen zu ihrer Wohlfahrt zu befördern; das könne aber nicht sein, wenn etliche Meister mit 4, 5 oder 6 Knechten säßen und mit solchem unmäßigen Gesinde andern Meistern alle Kunden entzögen. Dann kämen auch zur Sommerszeit viele Stümper ins Bad und arbeiteten für Fremde und Einheimische. Darum brauchten sie eine gute, gleiche Ordnung, damit einem widerfahre wie dem andern, und einer sich mit dem andern erhalten könne." Denn dieser Appell war immer der letzte Trumpf!

Der Badener Rat aber war andrer Meinung; er blieb noch auf Christophs Standpunkt und erklärte rundweg: „Er wolle von keiner Zunft etwas wissen, denn die Erfahrung ergebe, daß solche Ordnung den Handwerkern mehr nützlich und dienlich sei, als ihren Kunden, denen sie arbeiten". Freilich zeigte sich bei diesen Anhängern der Gewerbefreiheit auch jene Gleichgültigkeit, die so lange von dieser Gesinnung unzertrennlich geschienen hat; denn als die Regierung die Arbeitszeit für Störarbeiter beschränkte, protestierte der Rat: „Wenn auch der Schneider im Hause eines Bürgers ½ Stunde oder eine Stunde länger als die geordnete Zeit arbeite, so solle man ihn deshalb doch nicht strafen". Das aber war viel mehr im Sinne des Bürgers als des Meisters geredet.

Die Zunftverfassung kam dennoch auch hier zum Durchbruch. Markgraf Philipp II., dessen Gesetzgebungseifer wir schon kennen, hat sie eingeführt. Sie gehörte eben jetzt nach allgemeiner Ansicht zur guten Polizei. Der Landtag in Rastatt, dem 1580 die Vorlage gemacht wurde — denn nicht ohne seinen Rat wollte man diesen Schritt tun, obwohl sich sonst die Stände um die Gesetzgebung nicht zu kümmern hatten —, entschied nach einigem Zögern, daß man sich dem Vorgehen von Baden-Durlach anschließen wolle, da in den beiden Städten Pforzheim und Durlach die Zünfte unverändert bleiben sollten. Den Bedürfnissen des Badepublikums kam man aber in der etwas seltsamen Weise entgegen, daß man jene vermeintlichen Stümper, die mit den Sommergästen kamen und gingen — es waren also in Wahrheit feine Saisonschneider — auch nur auf diese Gäste verwies, während der Badener bei Strafe nur beim zünftigen Mitbürger arbeiten lassen durfte. Der ehrsame, altväterische Bürgerrock sollte also nicht mit dem modischen Kleid der zwar gern gesehenen, aber nicht für nachahmenswert befundenen Kurgäste verwechselt werden. An diesem

Punkte ist aber fast genau 200 Jahre später der erste Kampf um die Gewerbefreiheit entbrannt, als in Baden-Baden ein tapferer Schneider allem Protest zuwider ein Maßgeschäft für Gäste und Honoratioren der Umgegend eröffnete, und sein Recht, Handel und Gewerbe miteinander zu vereinigen, trotz aller Verurteilungen durchkämpfte, bis ihn der juristische Scharfsinn des späteren Gesetzgebers Badens, Brauer, zu Hilfe kam, so daß die erste und wichtigste Lücke in den Zunftzwang gebrochen wurde.

Der Fortschritt der Lokalzünfte, auf die sich die sonst widerstreitenden Interessen der Regierungen und der Ortshandwerker vereinigten, zeigt sich am deutlichsten in den Umwandlungen, denen sich die größeren Gewerbeverbände unterziehen mußten, die ohne eigentliche zunftmäßige Verfassung und ohne Rücksicht auf besondere Stadt- und Landgrenzen sich aus freier Willkür der Gewerbegenossen gebildet hatten. Solchen Verbänden waren die Territorialgewalten wenig geneigt, weil sie sich mehr als alle andern ihrer Regelung und beständigen Beaufsichtigung entzogen; sie mußten sie leidlich da passieren lassen, wo sie den Schutz des Reiches oder mächtiger Schutzherren genossen. Da solche Verbände aber auch Gewerbe umfaßten, die weit zerstreut waren und von der Freizügigkeit umfassenden Gebrauch machten, traten ihnen doch wieder die Vorteile lebhaft entgegen, durch Ordnungen dieser Art sie vor der Zerfahrenheit und Verwahrlosung zu bewahren. Daraus erwuchs den Obrigkeiten das Ziel, statt allgemeiner Verbände Landesverbände zu schaffen, und diese Form war dann auch leicht zu verwenden, um jene Handwerke, die man den Bauern hatte lassen müssen, zusammenzufassen und mit ihrer Hilfe die jeweiligen Ziele der Gewerbepolitik zu erreichen.

Der weitaus angesehenste dieser Verbände war der große Bund der Steinmetzen und Maurer. Er genoß weitgehende kaiserliche Privilegien, er hatte gleichmäßig seine Einteilung, der sich an die großen Bauhütten anlehnte, über ganz Deutschland ausgebreitet, und da er ohne Unterschied Meister und Gesellen umfaßte, hatte er die Lehre und das Arbeitsverhältnis und alle Rechtsprechung über diese wichtigsten Fragen, die nirgends mehr als im Baugewerbe zu Streitigkeiten Anlaß geben, einheitlich geordnet —; eine der großartigsten gewerblichen Organisationen, die die Wirtschaftsgeschichte kennt, ein Abbild und auch eine Bedingung des gotischen Stils, seiner Einheitlichkeit und seiner Anpassungsfähigkeit! Nur hatte der Steinmetzenbund eigentlich allein die „großen, beständigen Bauten", die nie endenden Dome, die Rathäuser, die Fürstensitze im Auge. Hier, wo Dutzende, ja Hunderte von Meistern und Gesellen zusammenströmten, war er unentbehrlich, um die kleinen Bauten bekümmerte er sich wenig; so ließ er z. B. für jene nur die Arbeit im Taglohn, für diese auch das Gedinge zu. So konnten neben ihm ruhig die Zünfte der Bauleute in den Städten bestehen.

Die fürstliche Verwaltung dagegen hatte gerade ein Interesse daran, das kleine Bauwesen zu regeln. Landesbauordnungen waren ihr Ideal, die nicht nur die Baupolizei, sondern auch die Preise bestimmten und Nebenzwecke, wie die Holzersparnis, verfolgten. Schon Markgraf Christoph hatte in seine Landesordnung solche Bestimmungen aufgenommen; im Jahre 1568 ist dann in Württemberg das Muster aller dieser Bauordnungen mit peinlicher Sorgfalt und Umsicht erlassen worden. In ihr war jeder Zusammenhang von Handwerkern, der sich über die Landesgrenzen erstreckte, streng verpönt. Aber gerade in Württemberg zeigte es sich dann doch, daß man bei den großen Schloßbauten in Stuttgart ohne den Bund nicht auskomme. In Baden dagegen riefen erst beim Beginn des 17. Jahrhunderts die kleinen Meister den Schutz der Regierung an. Wie in jener Zeit italienische Einzelhausierer und Kompanien im Oberland immer mehr den Handel an sich zogen, so wurden diese Gegenden auch mit welschen Maurern überflutet, jenen Komasken, die von der Zeit des langobardischen Volksrechts bis auf unsre Tage als geschickte Wanderarbeiter in und außer Italien ihr Brot suchen. Die Amtleute nahmen sich ihrer eifrig an, wie sich heute alle bauenden Behörden der Italiener annehmen: Nur sie, hieß es, legten der Überteuerung und der Nachlässigkeit der einheimischen Maurer einen Zügel an. Das überwog das Bedenken, mit dem die badischen Maurer mit Grund hoffen konnten, bei der Regierung Gehör zu finden, daß diese Fremden das Geld aus Deutschland holten und wieder davon zögen. Doch erhielten sie 1609 ihre Zunft unter der Bedingung, daß bei Versäumnis und unbilliger Steigerung man auch die fremden Maurer zuziehen dürfe. Georg Friedrich hat dann in die Landesordnung auch nach dem württembergischen Muster eine detaillierte Bauordnung aufgenommen. Sie unterwarf das Gewerbe der strengen Staatsaufsicht, machte jedoch der Selbstverwaltung einige Zugeständnisse und band die Zünfte so streng an ihren Wohnsitz, daß es jedem Meister verboten war, in einem andern Amtsbezirk Arbeit anzunehmen. Das war so ziemlich das Gegenteil von dem, was einst der Bund der Steinmetzen und Maurer erstrebt hatte.

Hatte der fremde Wettbewerb die badischen Maurer auf die Bresche der bedrohten Heimat gerufen, so machten umgekehrt die badischen Mitglieder eines andern großen Gewerkverbandes, der Kupferschmiede und Keßler, ihren deutschen Genossen durch Absonderung und Begünstigung der Welschen Konkurrenz. Dieses Gewerbe, früher in der Zeit des kupfernen Kessels, den das Eisen jetzt fast verdrängt hat, von größerer Bedeutung, unterlag als ein Hausiergewerbe in der Tat der beständigen Gefahr der Ausartung. Es war damals durch das Eindringen von Zigeunern und Welschen besonders bedroht. Seit Kaiser Ruprecht stand das ganze Gewerbe als ein Reichslehen unter dem Schutz des Kurfürsten von der Pfalz; es war in Bezirke geteilt, deren jeder als pfälzisches Afterlehen wieder einer Adelsfamilie zugeteilt war. In jedem Bezirke herrschte Freizügigkeit, aber keiner sollte in den andern übergreifen. Die Brudertage mußten unnachsichtlich besucht werden; dann strömten in den zwei oberrheinischen Bezirken die sämtlichen Keßler in Alzei und in Breisach zusammen; es wurde Gericht gehalten und eine bei fahrenden Leuten ganz erwünschte strenge Sittenaufsicht geübt. Die Pfälzer Kurfürsten aber, die sich nicht so leicht eines ihrer Rechte über Untertanen fremder Herren entgehen ließen, wachten eifersüchtig über diese seltsamen Lehensleute, die unter anderem ihnen auch zu Kanonierdiensten verpflichtet waren; aber auch die Reichsstädte, deren Zünfte Mitglieder des Keßlerbundes waren, nahmen sich seiner entschieden an.

Es konnte nicht fehlen, daß auch hier Lokalinteressen sich geltend machten und hinter den Reichsschlüssen gegen Mißbräuche der Handwerker, verbotenes Korrespondieren, angemaßte Rechtsprechung usf. Zuflucht suchten. In einer Zeit, als es sonst in Baden-Baden noch gar keine Zünfte gab, im Jahre 1560, begehrten die dortigen Kupferschmiede den Ausschluß aller Fremden. Sie erhielten, dem noch geltenden Gewerberecht gemäß, den ablehnenden Bescheid: „Es solle beim alten bleiben; sonst wären die

Bauern gezwungen, ganz nach ihrem Belieben alte Ware zu geben und neue zu kaufen; ein jeder, der mit redlicher Hantierung umgehe, habe Fug und Macht, im Lande zu verkaufen". Nun aber stellten sich die Kupferschmiede ihrerseits auch auf den Boden der Gewerbefreiheit und fingen an, mit aller Macht für die welschen Keßler zu arbeiten. Sonst versorgten sich diese doch — so meinten sie — in Schwaben mit andrer Ware. Dadurch aber gerieten sie in noch stärkeren Zwist mit dem Keßlerbund, der die Gesellensperre über sie verhängte. Da schienen nun die „Mißbräuche des Handwerks" handgreiflich, und der Markgraf verwahrte sich entschieden vor diesem Eingriff in seine fürstlichen Rechte. Aber der Breisacher Brudertag und etwas höflicher der Straßburger Rat blieben die Antwort nicht schuldig: „Kein Reichsabschied", so ließen die Keßler verlauten, „könne vermögen, daß man wider redliche Handwerker Ungerechtigkeit und Mißbrauch gestatten solle. Sie hätten gut Fug und Recht, dieweil sie hierum von dem heiligen, römischen Reiche, von Kaisern und Königen gefreit seien. Wie könnten sie Männern, die sich ihnen weder gleich noch gemäß hielten, sondern andern zu Halsstarrigkeit und Ungehorsam Ursach gäben, den Gruß nach Handwerksbrauch ansagen oder ihnen Gesinde fördern lassen?" Die Badener Kupferschmiede aber wollten sich weder einkaufen noch verpflichten; sie wollten nur das Monopol in ihrem Ländchen und erklärten: „Ihnen liege ja an sich gar nichts an den Welschen, aber sie wüßten auch, wem sie allein mit Eiden und Pflichten verbunden seien, und möchten sich nicht mit andern Eiden verstricken" — eine Berufung, die selten bei einem Fürsten versagte. Sie erhielten in der Tat ihr Monopol; aber sie haben es doch auf die Dauer gegen die Aussperrung, gegen die ihr Landesherr ihnen nicht helfen konnte, nicht aufrecht erhalten können.

Das zerbrechliche Topfgeschirr, minder wertvoll als das kupferne, teilte vielfach seine Schicksale. Auch die Hafner waren großenteils auf den Wanderbetrieb angewiesen, den sie von ihren Betriebsstätten aus versahen. Uralte Gewohnheit läßt noch heute, nachdem längst eine mächtige keramische Großindustrie erwachsen ist, den Bürger und Bauersmann sich am liebsten auf dem Jahrmarkt mit Topfgeschirr versehen; und auch der Hausierbetrieb von dem wandernden Wagen aus, der mit Krügen und Pfannen behängt ist, hat sich noch erhalten. Aber mit den Verbänden der beiden Gewerbe ging es wie in der Fabel von den reisenden Töpfen. Die Keßler, gefreit vom heiligen Reich, von Kaisern und Königen, setzten sich mit Stolz durch; die Hafner, die, meist selber Leibeigene, bei ihren Tongruben auf den Dörfern saßen, mußten sich an die Landesherren halten und hatten dann auch für ihren Landesverband nur ein halbes Herz. In der Markgrafschaft war ein Hauptsitz dieses Gewerbes in und um Baden, wo das Dorf Hauen-Eberstein (Hafner-Eberstein) nach ihnen hieß, und im Oberland am Kaiserstuhl. Markgraf Christoph hatte ihnen 1512 eine Ordnung und einen Brudertag, jährlich in einer der badischen Städte, gegeben. Es war keine Zunft, der Grundsatz völliger Gewerbe- und Verkehrsfreiheit blieb gewahrt; nur beim Ofensetzen machte man eine kleine Ausnahme, aber auch da nur für gewöhnliche Arbeit, nicht für fremde, künstliche, deren in der Markgrafschaft keiner erfahren wäre. Nur das Hausieren, mit dem nun einmal weder rechte Handwerksehre, noch rechte Preisbildung bestehen konnte, sollte verboten sein; dafür aber sollten sie heimische und fremde Märkte desto fleißiger besuchen. Je länger, je mehr aber machte sich der Lokalgeist geltend. Bald die Durlacher, bald die Badener waren im Besuch der Brudertage lässig, einig waren sie nur in ihrem immer erneuten Begehr nach Ausschluß der Fremden; denn die Markgrafschaft sei um der in ihr herrschenden Freiheit willen der Schlupfwinkel für alle vertriebenen Hafner geworden. In der Tat hatten sich bereits sämtliche Nachbarstaaten abgeschlossen, und es war für Baden schwer, wo doch die Handwerker selber nichts anderes wollten, allein an den alten freieren Grundsätzen festzuhalten. So wurden den Bruderschaften immer mehr Rechte der Zünfte verliehen; am liebsten hätten die Hafner sie als solche aufgelöst; aber noch Georg Friedrich hat sie neu organisiert und auch in Landesteilen, wo sie bisher nicht gehalten waren, in Rötteln-Sausenberg, neu eingeführt.

Doch gab es auch einen Gewerkverband, den man gewähren ließ und der nützlich wirkte, obwohl er die Landesgrenzen geradezu durchschnitt, den der Seiler. Franken und Schwaben hatten nach der uralten Einteilung her hier ihre besonderen Verbände, so daß die Grenze mitten durch die Markgrafschaft ging, die Steinbacher und Bühler zu den Ortenauern hielten und gemeinsam von Straßburg ihr Recht nahmen. Sie hielten fest am freien Zug und gaben ihrem Landesherrn, um ihn zu schützen, 1 fl. Schirmgeld auf den Kopf. Ihre Brudertage verfügten über eigene Umlagen und erhoben Pönen von falschem Gewirk. Noch 1724, als Baden-Baden seine eigene Zunft stiften wollte, sträubten sich die Steinbacher und die Ortenauer hartnäckig dagegen, mit den Unterländern zusammengelegt zu werden — eine letzte Erinnerung daran, daß die Landeszünfte der Todfeind der Vereinsfreiheit und des historischen Zusammenhanges seien.

Solche Erwägungen stellten Bauern, die zugleich ein Handwerk betrieben, nicht an. Sie hatten keine besonderen Wünsche nach Genossenschaften und Selbstverwaltung; gab sie ihnen die Regierung, so ließen sie es sich auch gefallen. Das zeigt sich recht bei den Hänfern, die die Vorarbeit des Seilers, aber doch gewöhnlich im Lohn der Bauern, taten, während der Seiler das gehechelte Werg kauften. Auch sie erhielten 1607 ihre Landeszunft für die Markgrafschaft Hachberg, ihren Hauptsitz; sogar ein Meisterstück wurde eingeführt, aber wer es nicht macht, heißt es, soll doch von der Arbeit nicht ausgeschlossen sein.

Allverbreitet war die Leinenweberei. Sie war überall ein ländliches Handwerk geblieben, wie die Tuchmacherei ein städtisches, und das entsprach der Tracht, da bis zu jener Zeit der Tuchrock den Bürger, der Leinenkittel den Bauern kennzeichnete. Im Seekreis und in Schwaben hatte sich freilich die Leinenweberei schon im Mittelalter, im 13. Jahrhundert, zu einem Exportgewerbe entwickelt, auf dem die Handelsblüte von Konstanz beruhte, in der Rheinebene, wo überwiegend Hanf gebaut und verwebt wurde, blieb sie Heimarbeit im Dienst der Bauern, und in den Gebirgsgegenden war sie, wie noch heute, als Störarbeit verbreitet. So patriarchalisch sich nun auch diese Beziehungen gestalten mochten, die noch heute in ihren nicht unbeträchtlichen Resten uns immer wieder dasselbe Bild gewähren, so gab es doch Anlaß zu Streit und wechselseitigen Beschwerden genug. Als erst einmal die Überzeugung feststand, daß der Staat alle wirtschaftlichen Beziehungen der Untertanen zueinander zu ordnen berufen sei und dies am besten in der Form des Zunftwesens tue, erkor man sich die Leineweber zu einem Lieblingsgegenstand dieser Tätigkeit.

Die Markgrafschaften scheinen hier allen andern Territorialstaaten vorangegangen zu sein: von 1584 bis 1590 erhielten Hachberg, Rötteln, Baden-Baden ihre Landeszünfte. Man sieht es den Ordnungen recht an, wie arme Gesellen diese Leineweber waren; es wurde wohl ein Lehrgeld gefordert, das aber doch nur der Beköstigung im Hause des Meisters entsprach, aber gewöhnlich wurde es nicht gezahlt, sondern der Geselle arbeitete ein bis zwei Jahre im Hause des Meisters ohne Entgelt weiter. Später arbeitete er dann beim Meister auf dessen Stuhl „um den Halben", das heißt, er erhielt die Hälfte des Lohnes, den der Kunde zahlte, während der Meister die andre Hälfte als Entgelt für den Stuhl, als Kapitalgewinn bezog. Bei allen rechten Zünften galt es als Grundbedingung, daß der Lehrling in alle Kenntnisse und Fertigkeiten des Handwerks eingeführt werde; hier dagegen gab es nur wenige, die bis zur höchsten Stufe, zur Bildarbeit, das ist den gewürfelten Damasten, und zum „Bettlersetzen" gelangten. Das waren wohl die selbständigen Meister, die zum Verkauf arbeiteten; sie mußten denn auch drei bis vier Jahre lernen. Die Einheimischen brauchten nur Barchent, Golschen und Gugler, Halbtuch und Dobler, so unterschieden, je nachdem reines Leinen oder gemischt mit Baumwolle und Wolle gefertigt wurde; und dafür langten zwei Jahre Lehrzeit. Dazu kamen noch die Schleierweberinnen, die nur Stücke, nicht fortlaufendes Tuch webten. Überall wurden Kommissionen von Schaumeistern eingesetzt, weniger um zu bestimmen, was gute Kaufmannsware sei, als um den üblichen Zank mit den Bauern zu schlichten; denn wie bei aller Heimarbeit, bezichtigte man sich untereinander der Unehrlichkeit. Der wohlwollende Gesetzgeber aber tröstete sich, daß bei einer guten Ordnung die Ämter des täglichen Überlaufens, die gemeinen Meister solcher Bezichtigung überhoben sein würden, der gemeine Mann aber wissen würde, daß mit seinem Garn aufrecht und redlich gehandelt und des Lohns halben niemand beschwert werde. Auch mit der Hydra der Unpünktlichkeit nahm man den Kampf auf, jedoch noch recht rücksichtsvoll; denn man ließ dem Meister, wenn er die Zettel im Hause des Bauern geknüpft hatte, drei Monate Zeit bis zur Ablieferung der Leinwand.

Der Bauer aber sah eben doch den Störarbeiter, der ihm im Haus arbeitete, als einen Hungerleider an, den er durchfütterte: wenn in Rötteln-Sausenberg die Weber auf die Stör gingen, war ihnen nach altem Gebrauch geboten, ihre Weiber eine Meile Wegs von sich zu schaffen, damit selbige den Kunden nicht überlästig seien.

Alles paßte sich hier der Naturalwirtschaft der Landbevölkerung an; aber es war auch möglich, solchen Landeszünften eine andre Bedeutung zu leihen, indem man ihnen eine kaufmännische Spitze gab. So tat es in den nächsten Jahren Herzog Friedrich von Württemberg, der Neuerungslustige, indem er wie vorher die Landeszunft der Wollenweber, so auch solche der Leineweber dekretierte und sie mit Handlungskompanien in Verbindung setzte. Damit war dann die Überleitung der alten Heimarbeit zur Hausindustrie angebahnt. Diesen Schritt tat man in Baden nicht. — So hatten denn freilich die Leineweber ihre Zünfte, aber der städtische Handwerker rümpfte über diese bescheidenen Kollegen die Nase und bei den Gesellen ertönte weit und breit das lustige Necklied:

„Die Leineweber haben eine saubere Zunft".

Die Fürsten kamen hier wie in Württemberg mit allen solchen Bestimmungen jetzt längst der öffentlichen Meinung nur entgegen, die sie ihnen fast als Verpflichtungen zuschob. Die berufenen Organe derselben, die Landtage, drängten selber vorwärts. In Baden-Baden hatten sie zugestimmt, in Baden-Durlach ergriffen sie selbst die Initiative. So gab 1575 der Landtag von Badenweiler den Küfern und Weinstichern, dem wichtigsten Gewerbe dieser weinbauenden Landschaft, auf ihr Ansuchen eine Zunftordnung, und 1588 folgte der Hachberger nach. Als der ständische Ausschuß hier nach reiflicher Erwägung das Statut ausgearbeitet hatte, schickte er es erst zur Abstimmung durch die Küfer in die Reborte. Auch sind diese Satzungen, die auf Winzer und Weinhändler billige Rücksicht nehmen mußten, weit verständiger als die engherzigen, nur zum Vorteil des Handwerks erdachten einer Stadt wie Pforzheim. Freilich wuchs auch mehr Wein am Kaiserstuhl und Blauen als an der Enz.

So war alles vorbereitet für die zusammenfassende Ordnung, die Georg Friedrich in seiner Gesetzgebung gab. Vierundzwanzig Gewerbe sind in ihr im einzelnen aber nach durchgehenden Gesichtspunkten mit Statuten versehen; das Ganze bildet ein System des Gewerberechtes, wie es damals kein andrer Einzelstaat Deutschlands in solcher Vollständigkeit besaß. Man würde doch irren, wenn man in ihm nur eine Kapitulation vor dem engen Geist des lokalen Zunftwesens sähe; überall zeigt sich vielmehr das Bestreben, das Publikum zu schützen, ihm billige Preise zu sichern; es verbindet sich aber mit dem gleichen Wunsch, jedem Meister sein genügendes Auskommen zu schaffen. Und das war doch eigentlich auch der Sinn der ganzen mittelalterlichen Preis- und Lohnpolitik und der der theologischen Ethik, soweit sie sich um diese Dinge bekümmerte, gewesen: Das Streben nach dem justum pretium. Dieses protestantische Kleinfürstentum, das so stark von religiösem Pflichtgefühl beseelt ist, geht auch hier nur in den alten Bahnen. Die Schau, überall mit Sachkenntnis durchgeführt, bleibt der Kontrolle der Staatsbeamten unterstellt, auch wo sie von Handwerksausschüssen zunächst geübt wird. Die Festsetzung der Löhne, die beim Überwiegen der Lohnhandwerker in den wichtigsten Stücken eine Preisregulierung überhaupt bedeutet, geht von dem Grundsatz aus, selbst im Preis der Waren nur den Arbeitslohn zuzulassen. Auch war der Markgraf darauf bedacht, daß diese Anordnungen zur allgemeinen Kenntnis kämen: Jährlich sollten sie in den Gemeinden vorgelesen und erläutert werden, damit sich nicht etwa blos die Handwerker gegenüber den Unkundigen auf sie beriefen.

Auch hätte es das starke Selbstbewußtsein dieses kleinen Staates nicht zugelassen, den Handwerkern selber einen Anteil an der Exekutivgewalt einzuräumen, wie sie ihn gern gegen Störer und Stümper und Dorfhandwerker in Anspruch nahmen. Aber um so mehr tritt doch auch die verhängnisvolle Schwäche hervor, die dem erstarrten Zunftwesen eigen ist: mit allen Mitteln, besonders durch Ausnützung von Vorschriften, die ursprünglich einen ganz andern Sinn besaßen, will man die Gleichheit der Zunftgenossen erzwingen. Wo sich Ansätze zum Großbetrieb vorfanden, werden sie schonungslos beseitigt; bei den meisten Gewerben wird die Anzahl derer, die in einer Werkstatt beschäftigt werden dürfen, auf drei beschränkt. So wird überall auch der Einkauf eingeschränkt durch das Einstandsrecht, und wo man irgendeinen Fürkauf witterte, wo der Kaufmann Rohstoffe oder Gewerbswaren kauft, um sie wieder zu verkaufen, sucht man ihn zu beseitigen.

Aus allen Erfahrungen, die man mit dem Handel gemacht hatte — und man hatte doch im Wollhandel Proben genug angestellt —, zieht man sich immer nur die eine unrichtige Lehre, daß die Zwischenhand alle Waren verteuern müsse. So erscheint denn in der Landesordnung durchweg jenes Ideal wieder, das trotz einzelner Versuche mit einer kapitalistischen Betriebsweise unverrückt geblieben war: Der Handwerker soll unmittelbar seine Kunden bedienen oder ihnen selbstverfertigte Waren verkaufen. Selbst auf den Jahrmärkten, die ihren alten Wert behalten, Oasen eines freieren Verkehrs zu sein, wird durch die Gleichheit der Verkaufsstände dafür gesorgt, daß nicht einer dem andern zu weit vorauseile. Das Hausieren aber, freilich die unterste Stufe des Handels aber doch ein Geschäft, das Betriebsamkeit erfordert, weil es gilt, den Kunden aufzusuchen, das Angebot zu machen, wird durchweg verboten. Der Handwerker soll die Nachfrage abwarten. Auch die fremden Hausierer trifft das Verbot. Nur wußten sie, die Unfaßbaren, schließlich doch sich „einzuschleichen". Es hat nicht erst die Verwirrung des Dreißigjährigen Krieges bedurft, um sie einzuführen: dieses dürre, starre Zunftwesen selber rief nach einer Ergänzung. Und die Landesordnung Georg Friedrichs selber legt hierfür unfreiwillig Zeugnis ab: Sie ordnet einen besonderen, sechstägigen Markt für die ausländischen Krämer in der Residenz Durlach an. Wenn sie bei Hofe auslegen, heißt es hier, sollen sie auch die Häuser der Räte und fürstlichen Diener besuchen. Auch dieser sparsame, sittenstrenge Hof konnte eben den „welschen Jubilierer" nicht ganz entbehren.

Im Vergleich zu den vielen Bestimmungen zugunsten der Meister fällt die Dürftigkeit derer über Lehrlinge und Gesellen auf. Gleich in der Einleitung werden die allgemeinen Bestimmungen der Reichspolizeiordnungen, die alles andre als arbeiterfreundlich waren, wiederholt. Festsetzung der Lehrzeit und der Meisterprüfung sind selbstverständlich, das meiste aber ist den Lokalstatuten überlassen. Aber schließlich beruhte ja doch das ganze ängstliche System der Beschränkungen auf dem Gedanken, daß jeder Lehrling nach langer, ausgestandener Zeit auch einmal dazu kommen sollte, Meister zu werden. Hierbei zeigt sich allerdings die Begünstigung der Söhne und Schwiegersöhne so naiv, daß man offenbar gar kein Arges mehr dabei empfand.

So steht das Werk des Urenkels am Ende der Epoche, wie die Ordnungen Christophs an ihrem Anfang. In ihnen malen sich die beiden Männer, die für die Schicksale der Markgrafschaft die bedeutendste Rolle spielen, aber noch mehr die Zeiten. An Ernst und

Gewissenhaftigkeit, auch an Kenntnis der tatsächlichen Verhältnisse mögen sie miteinander wetteifern; aber war im Laufe von fast anderthalb Jahrhunderten auch der Zustand friedlicher, die Bevölkerung dichter geworden, wie wenig gleichen die hoffnungsfreudigen Anfänge der ängstlichen Vorsicht am Ausgang. Nur eins ist gleichgeblieben: Die Beamtenfreude am Bevormunden der Volkswirtschaft; aber der Ausdruck, den sie gewinnt, ist grundverschieden. Diese Vereinigung von bureaukratischem und zünftlerischem Geist sollte auch die Verwüstungen des Dreißigjährigen Krieges überdauern. Sie hat gewiß damals zur Wiederaufrichtung des zerrütteten Bürgertums manchen guten Dienst getan; aber schöpferisch konnte sie nicht sein. Und wenn auch jene von anderen Absichten getragene Gesetzgebung Christophs nur eine rasch vorübergehende Episode gewesen war, so hat sie die Frische und Lebensfreudigkeit, das Vertrauen in die Regsamkeit des Gewerbes für sich. Sie wollte schaffen, wo die Enkel nur erhalten wollten.

C. F. Wintersche Buchdruckerei.

Zeitfracht Medien GmbH
Ferdinand-Jühlke-Straße 7
99095 Erfurt, Deutschland
produktsicherheit@kolibri360.de